U0611691

# 跨国公司进入模式
## ——基于反倾销壁垒下的选择

## Multinationals' Entry Modes Selection under Antidumping Barriers

李冰洁/著

经济科学出版社

图书在版编目（CIP）数据

跨国公司进入模式：基于反倾销壁垒下的选择/
李冰洁著 . —北京：经济科学出版社，2014. 6
ISBN 978 - 7 - 5141 - 4636 - 3

Ⅰ. ①跨…　Ⅱ. ①李…　Ⅲ. ①进口商品 -
反倾销 - 关系 - 跨国公司 - 投资 - 研究 - 中国
Ⅳ. ①F752. 61②F832. 6

中国版本图书馆 CIP 数据核字（2014）第 102186 号

责任编辑：杜　鹏　庞丽佳
责任校对：王肖楠
版式设计：齐　杰
责任印制：邱　天

**跨国公司进入模式**

——基于反倾销壁垒下的选择

李冰洁/著

经济科学出版社出版、发行　新华书店经销
社址：北京市海淀区阜成路甲 28 号　邮编：100142
总编部电话：010 - 88191217　发行部电话：010 - 88191522
网址：www. esp. com. cn
电子邮件：esp_bj@ 163. com
天猫网店：经济科学出版社旗舰店
网址：http：//jjkxcbs. tmall. com
北京万友印刷有限公司印装
880 × 1230　32 开　7. 25 印张　210000 字
2014 年 6 月第 1 版　2014 年 6 月第 1 次印刷
ISBN 978 - 7 - 5141 - 4636 - 3　定价：35. 00 元
（图书出现印装问题，本社负责调换。电话：010 - 88191502）
（版权所有　翻印必究）

# 目　　录

# 第 *1* 章

# 导　　论

本书是笔者在完成国家自然科学基金资助项目《反倾销壁垒对外国直接投资的作用机理与进入战略选择》（项目号：70473070）的部分研究成果的基础上进一步加工和系统化整理形成的。在本书的开篇，笔者将逐一介绍本书的研究背景和意义、研究目标与内容、研究方法及全书的结构框架。

## 1.1　研究背景

随着世界经济一体化，各国之间的贸易往来日益频繁，外商直接投资迅猛上升，跨国公司如何选择海外进入和投资模式以及国与国之间倾销与反倾销的问题日益成为现代国际贸易研究中两个重要的方面。

反倾销是 GATT/WTO 所认可的用于维护国际贸易秩序、保护本国产业免受不合理侵犯和对付不公平竞争的合法而有效的措施。但是，随着关税减让和传统的非关税措施的取消，反倾销越来越多地被各国作为贸易保护主义的工具来使用，而且随着贸易自由化进程的加快，有愈演愈烈之势。反倾销已严重影响了正常的国际贸易秩序，且已成为产生国际贸易摩擦又一新的壁垒。其特点如下：

1. 反倾销一直是国际社会运用最多的贸易救济措施，且呈上升趋势。尽管反倾销、反补贴、保障措施的立法宗旨和实施目的，都是为了限制进口，寻求对本国受损产业及企业进行救济，维护公平竞争的市场秩序。但由于三者实施的条件和程序以及具体救济方法等有所不同，因而对其运用情况也存在较大差异。根据WTO 统计数据，1995～2011 年，全球反倾销的立案调查数和最终实施数分别达到 3 922 起和 2 543 起；而与其性质基本相同的反补贴案件，同期分别仅为 262 起和 164 起。就保障措施的运用情况来看，同期全球立案调查数和最终实施数分别只有 216 起和101 起。

国际贸易中的倾销行为早已有之，反倾销行为也有很长的历史。但在相当长的一段时间内，运用反倾销手段抵制进口产品的个案很少，一个国家在一年内最多也就是 2～3 起。20 世纪 50 年代开始，反倾销的运用才开始多起来。据日本通产省统计，20 世纪 50年代和 60 年代，国际反倾销案件年均 30 件左右；70 年代年均约40 件；80 年代则急剧增加，达到年均 174 件。进入 20 世纪 90 年代后，特别是 WTO 建立以来，这一趋势更为明显。1995～2011 年，国际反倾销立案数达 3 922 件，年均约 264 件。从上述的统计数据可以发现，国际范围内反倾销案件呈不断大幅增加之势。

WTO 建立以来国际社会反倾销的频繁使用，有着深刻的背景。随着国际产业结构的不断深化调整，资源在全球范围内配置，许多劳动密集型产业逐渐从发达国家转移到发展中国家。但是，发达国家保留的部分劳动密集型产业，必然会受到来自劳动力成本较低的发展中国家产品的冲击。在竞争处于劣势的情况下，它们诉诸反倾销这种贸易保护方式，而不是对自身产业结构进行调整。同时，一些发展中国家，为了保护国内产业免受进口产品的冲击，对外来竞争具有一种天然的排斥倾向，也会支持国内产业提起的反倾销诉讼。此外，在当前世界各国关税壁垒的保护作用减弱、双边贸易不平衡日趋严重的背景下，以反倾销为代表的非关税措施日益成为有关国家对本国产业实行贸易保护的理想选择。

2. 运用反倾销措施的主体日益广泛。自出现反倾销以来，直至 20 世纪 80 年代末，国际市场反倾销是美国、欧盟、加拿大和澳大利亚的专利，他们发起的反倾销调查案占全球反倾销案件总数的 99%。随着世界经济一体化的发展和自身贸易自由化进程的加快，发展中国家（地区）对外贸易数量激增，他们在频频遭到反倾销的同时，也开始运用反倾销手段抵制不公平贸易对本国产业发展带来的冲击，如印度、阿根廷、南非、土耳其、墨西哥和巴西等。特别是印度，1995～2010 年，印度对外反倾销的立案调查和最终实施总数分别达 637 起和 450 起，占印度全球反倾销立案总数的 70.6%。其中，2002 年则高达 81 起，所调查对象涉及 50 个国家（地区），居历年之首。2007 年和 2008 年，印度启动的年度反倾销调查数占当年全球反倾销立案总数的比重最高，达 25.8%。不仅如此，发展中国家对外反倾销的执行率也相对较高。上述发展中国家，除巴西外，均高于全球 62.8% 的平均水平。这一事实表明，部分发展中国家已经开始熟悉并掌握和利用反倾销这一工具，从而使得国际贸易领域的倾销和反倾销争端日趋多样化，贸易集团间以及贸易集团内部成员间的利益关系日趋复杂。

3. 反倾销普遍存在于世界各个发展水平的国家之间，但主要针对少数国家（地区）。20 世纪 90 年代以来，全球反倾销的一个重要特点是反倾销主要对象有所变化，反倾销矛头从发达国家转向发展中国家。1995～2011 年，遭到反倾销指控的国家（地区）共 98 个，其中前三位分别是中国、韩国和美国，前 10 国（地区）占比为 57.5%；被最终实施反倾销措施的国家（地区）共 90 个，其中前三位分别是中国、韩国和中国台湾，前 10 国（地区）占比达 59.1%。

同时，随着全球反倾销行动的日益频繁以及由此引发的国际贸易摩擦越来越多，许多国家（地区），如美国、印度、巴西等便陷入了这样一个非常"尴尬"的境地：一方面都在积极使用反倾销；而另一方面又均深受反倾销之害。

4. 反倾销涉案产品种类大大扩展，但相对集中且结构稳定。从历史来看，不同时期遭受反倾销的产品不尽相同。传统的反倾销立案主要是针对本国的支柱性产品在遭到国外倾销时实施，因而产品范围相对有限。WTO 成立以来，反倾销成为各国各个产业为排斥外来竞争动辄就提起的贸易保护手段，因而产品涉及的范围迅速扩展。但就产品构成来看，反倾销涉案产品却相对集中，并且结构稳定。1995～2011 年，贵金属及制品、化工产品、塑料及橡胶制品、机电产品、纺织品和纸制品成为反倾销的重点对象，此 6 类产品的反倾销立案数和实施数同期占比分别达到 90% 和 92%。

与反倾销愈演愈烈的趋势相比，自 20 世纪 80 年代以来，国际直接投资也出现了显著增长。80 年代初，全球 FDI（外商直接投资）流量每年仅为 500 亿～600 亿美元，到 2005 年全球 FDI 总流量已飙升至创纪录的 2.4 万亿美元。尽管世界经济出现动荡，2011 年全球 FDI 流量仍超过了金融危机前的平均值，达到 1.5 万亿美元。FDI 的增长是由拥有 80 多万家国外子公司的 6 万多家跨国公司所驱动的。在如今的全球市场上，"以世界为工厂"、"以各国为车间"的全球化企业经营格局，已成为一股势不可当的潮流。对外直接投资已经成为许多公司的策略选择，通过对外直接投资，跨国公司可以获得低廉的劳动力和矿产资源，最大限度地降低成本，扩大市场份额，获取高额利润。因而，如何选择最佳模式进入海外市场是跨国公司全球战略中关键性的第一步。跨国公司的市场进入模式指的是跨国公司将产品、技术、人力、管理经验和其他资源转移到其他国家的方式。它是跨国公司一项重要的制度安排，不同的进入模式代表了不同的控制程度、资源投入和风险水平。

中国实行改革开放 20 多年来，吸收外商投资以超常规的速度发展，取得了举世瞩目的成就。自 1993 年以来，中国连续多年成为发展中国家吸收外商投资最多的国家。截至 2011 年年底，全国共批准外商投资企业 73.8 万家，实际使用外资金额超过 1.2 万亿美元，已连续 20 年成为世界上吸收外商投资最多的发展中国家，全球财富 500 强企业已有 480 家落户中国。跨国公司 FDI 对中国经济增长发挥了积极作用。2011 年，占中国企业总数不足 3% 的外商投资企业，实现工业产值 22 万亿元人民币，占全国工业产值的26.1%；进出口额 18 602 亿美元，占全国进出口总额的 51.1%。截至目前，外商投资企业直接就业人员约 4 500 万人。

外国对中国的反倾销指控是与中国的对外开放步伐相伴相生的，并成为中国外贸发展的主要障碍之一。自从 1979 年 8 月欧共体对我国出口的糖精及盐类发起第一起反倾销调查以来，截至 2011年 6 月，已有 34 个国家和地区对我国的出口产品发起了 825 起反倾销调查。全球每 5 起反倾销案件中就有一起涉案中国，中国已经取代了日韩等国成为国际反倾销的最大受害国和主要指控对象，每年约有 400 亿~500 亿美元的出口商品受影响。

因而结合中国的实际情况研究跨国公司在反倾销壁垒下的进入模式具有极强的现实背景。

## 1.2 研 究 意 义

1. 西方理论界虽然对于反倾销壁垒与对外直接投资之间的关系进行了大量的理论和实证研究，但是并没有明确涉及反倾销壁垒与跨国公司进入模式之间的关系；在国内理论界也还鲜有学者涉足这一领域。因此，笔者希望本书的研究能够为理论界尤其是国内理论界在这一领域的研究起到抛砖引玉的功效。

2. 反倾销壁垒已经成为国际贸易领域占主导地位的贸易保护工具。国际理论界对反倾销壁垒和对外直接投资之间的关系研究表明：反倾销壁垒与对外直接投资之间存在着明显的正相关关系。也就是说，当东道国政府征收反倾销税尤其是高额反倾销税时，对外直接投资方式将替代出口方式成为投资国企业进入海外市场的可行性选择。但是，反倾销壁垒是否一定会引致投资国企业的对外直接投资，东道国政府不同的反倾销措施以及投资国企业不同的成本优势对投资国企业海外市场进入模式会有什么样的影响？当投资国企业选择直接投资模式进入东道国市场时，会选择哪一种具体投资模式，会受到哪些因素的影响？跨国公司在规避反倾销威胁时会选择何种进入模式？有关这些种种问题，国内外理论界还未系统地做出回答。本书尝试对这些问题进行科学的回答，起到加砖添瓦的功效。

3. 中国目前已成为引进外资最多的国家和遭受反倾销最严重的国家之一。因此结合中国的实际情况，研究面对外资企业在华利用预销售倾销，中国政府采取反倾销措施是否会影响外资企业在华投资的热情，影响其在华进入模式的变动，以及中国企业在面对国际反倾销壁垒时采取何种模式进入海外市场和未来发展前景，具有重要的现实意义。

## 1.3　研究目标与内容

### 1.3.1　研究目标

通过本项目的研究，分析在反倾销壁垒下跨国公司进入模式的策略选择及其变动；研究进口反倾销与跨国公司对华进入模式是否变动；研究中国企业在反倾销壁垒下如何进行海外投资。在此基础上提出相应的战略对策。

### 1.3.2　研究内容

1. 研究东道国政府不同的反倾销措施对跨国公司市场进入方式选择的影响，分析跨国公司如何根据东道国的市场环境以及自身所具有的优势选择恰当的进入模式。

2. 分析了跨国公司规避反倾销威胁的进入模式选择

3. 研究了跨国公司利用预销售进行低价倾销和中国政府实施反

倾销冲突的可能性。面对中国政府的反倾销壁垒，跨国公司是否会撤资；如果不撤资，进入模式是否会发生变动。

4. 研究中国企业如何在面临反倾销壁垒的情况下进行海外投资，并对其未来进入模式进行情景分析和预测。

## 1.4 研究方法

1. 将反倾销、国际贸易与投资理论相结合；系统把握外国产品进口、外国直接投资、反倾销调查、反倾销税升级、反规避调查之间的内在关系机理。

2. 运用寡头垄断理论和国际市场进入战略管理比较的研究方法，分析跨国公司应对反倾销壁垒，实施国际市场进入战略的对策。

3. 运用战略博弈的分析方法，分析跨国公司规避反倾销威胁的进入模式以及中国实施反倾销政策和跨国公司进入模式的变动。

4. 将跨国公司进入模式的一般和特殊相结合、总体和局部相结合、经验模型分析与案例分析相结合，提出中国企业应对反倾销壁垒的海外进入模式和政策建议。

## 1.5 结构框架

全书共由九章构成，除第1章导论和第9章政策建议与研究展望外，正文共有七章构成，其具体章节构成如下：

第2章，对倾销和反倾销进行了概述。追溯了倾销与反倾销的历史演进过程，分析了倾销与反倾销各自对进口国经济、出口国经济、第三国经济的影响。

第3章，分析了跨国公司国际市场进入模式。阐释了支撑跨国公司国际市场进入模式的理论，并将跨国公司国际市场进入模式分为贸易式进入、契约式进入、投资式进入和跨国联盟五大类，最后分析了影响跨国公司进入模式选择的内部与外部因素。

第4章，反倾销壁垒下跨国公司进入模式文献综述。对国内外涉及的反倾销壁垒下跨国公司进入模式，以及与之相近的文献进行了综合梳理和述评，并指出了相应问题。

第5章，对跨国公司应对反倾销壁垒的一般进入模式选择进行分析。首先，分析了在跨国公司不同类型的成本优势和东道国政府不同的反倾销政策下，跨国公司对东道国市场进入方式的选择；其次，分析跨国公司在以对外直接投资的方式进入东道国市场时，会选择哪种具体的直接投资模式以及会受到何种因素的影响。

第6章，对跨国公司规避反倾销威胁的特殊进入模式进行分析。在介绍了规避行为与反规避措施、特点以及反规避的国际立法及措施之后，利用完全信息动态博弈理论，对跨国公司规避反倾销威胁的进入模式进行分析，并对钢铁行业跨国公司的进入模式进行了案例分析。

第7章，分析了外资企业利用预销售倾销的特殊进入模式。在介绍了外资企业在华现状与特点，在华倾销与预销售以及中国政府对外反倾销的基本情况之后，运用动态博弈理论分析了外资企业利用预销售进行低价倾销和中国政府实施反倾销冲突的可能性。

第8章，中国企业应对反倾销壁垒的海外进入模式。首先，对中国企业跨国经营情况及遭受国际反倾销状况予以阐述；其次，利用层次分析法分析认为中国企业应对反倾销壁垒的最佳海外进入模式是独资，并选取家电企业作为中国企业的代表，对其国际市场进入模式进行典型案例分析；最后，运用情景分析法对中国企业在反倾销壁垒下的海外进入模式的未来前景进行预测。

本书结构框架如图1-1所示。

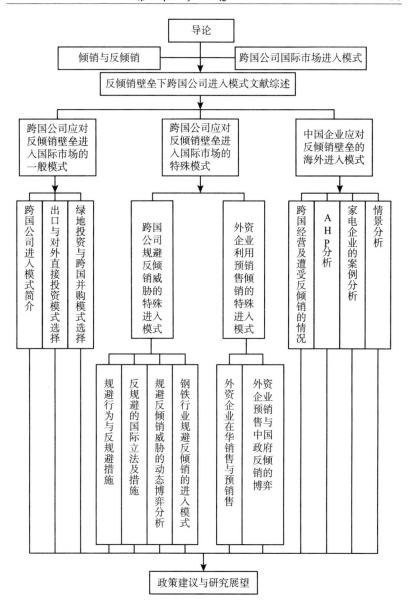

图 1-1 本书结构框架

# 第 2 章

# 倾销与反倾销

随着经济全球化的不断发展，参与国际竞争的国家越来越多，发达国家之间，发展中国家之间以及发达国家和发展中国家之间的竞争越来越激烈，倾销与反倾销这对矛盾体也自然愈演愈烈。即使在全球经济一体化日益加深的今天，贸易与投资自由化已经成为不可阻挡的大趋势，但是倾销与反倾销却从未停止过步伐。本章梳理了倾销与反倾销的历史演进过程，并分别分析了倾销和反倾销对进口国经济、出口国经济和第三国经济的影响。

## 2.1 倾销、反倾销的历史演进

倾销的起源可以追溯到重商主义时期。16~18世纪中叶，重商主义思想在西欧各国占主导地位，因此，欧洲各国纷纷采取"奖出限入"为核心的贸易政策。一方面加筑高关税壁垒，另一方面奖励和补贴出口。在各国高筑关税壁垒的情况下，商会和政府的高额补贴弥补了商人和生产者在开拓国际市场上的损失，价格竞争就成为大家占领国际市场的最有效手段，这种低价销售的价格战争即为早期倾销，它在当时作为开拓国际市场的重要工具而产生并得到迅速发展。但此时的倾销并没有引发大规模的反倾销行为。

与倾销不同，反倾销在20世纪初期才刚刚走上历史舞台。20世纪初期，由于几个经济相对发达的殖民地国家开始了工业化进程，面对西欧发达国家工业制成品的大量倾销和其本国新兴同类工业产品在本国市场上的激烈竞争，出于对本国新兴民族工业的保护意识，这些殖民地国家开始对他国的倾销行为做出一系列反击行为，反倾销开始登上历史舞台。

## 2.1.1　重商主义时期

15 世纪，代表商业资产阶级利益的重商主义开始产生，当时正是资本主义生产方式的准备时期。在这一时期，封建的政治经济制度日趋衰落和解体，商业资本逐步发展和壮大，对货币资本的需求不断增加，使人们产生了对货币的强烈渴望，并寻求通过对外贸易的途径获得更多的金银货币。从重商主义的主张来看，实行对外贸易，少买多卖，获得尽量多的金银货币，是其获得财富的唯一渠道。因此，倾销也就成为其政策主张之一。

出口厂商在这一时期得到政府和商会的积极鼓励和支持，有资料表明倾销行为的产生是伴随着政府和商会的补贴基金而产生的，早期的倾销主要发生地在西欧，以英国为代表，英国政府奖励出口的补贴政策对当时的倾销产生了巨大的促进作用。同样法国等一些西欧国家也先后以倾销手段实行了重商主义时期的贸易扩张政策。

值得一提的是，很多国家为了应对他国倾销，先后成立了特许贸易公司。这些公司不仅垄断着国内贸易，同时还要垄断国外贸易的经营权，并且在这一时期这些具有垄断性质的特许贸易公司得到政府的大力支持，并对发动倾销的这些贸易公司给予出口奖励金，以解除他们的后顾之忧，从而使本国在当时的贸易价格战中取胜。由此可见，在当时的国际贸易过程中，具有垄断性质的贸易公司已经开始发挥重要作用了。

由此可见，这一时期之所以出现倾销，主要有两个原因：一是市场出现垄断组织。这一时期，一些势力雄厚的商人和制造业者在国内拥有一定程度的垄断，尤其是地理大发现后相继建立起来的商业公司，凭借从政府获得的种种特权，垄断着对外贸易。二是倾销得到政府重商主义政策的保护，在国际市场分割状态下，倾销商不必担心倾销品的回流，因而倾销得以实现。

可以想象，那时的欧洲已经拉开了国际倾销战争的序幕，此时完整的反倾销措施虽未产生，但他们先后采取的高关税壁垒来保护本国产业的安全发展，已是反倾销措施的雏形。

## 2.1.2　自由资本主义时期

18世纪60年代，英国开始工业革命。19世纪30年代，法国、美国、德国以及其他欧洲一些国家也先后发生了工业革命。工业革命的重要特征之一便是大规模的生产，而大规模生产的前提条件是必须有大规模的销售市场，这一前提条件决定了各国必将实行倾销这一抢占国外市场的重要手段。

作为工业革命先驱的英国成为"世界工厂"，并且在长达几十年的时间里一直处于无国能敌的竞争优势状态。为了保证大量工业产品的顺利销售，英国首先改变了重商主义时期的扩张性贸易政策，开始推行自由贸易，以此换取他国的贸易开放。英国利用自由贸易主义的大旗巩固了自己在国际贸易中的霸主地位，大量向国外倾销其产品。由于其强大的产品优势，在这一时期，英国几乎成为世界上唯一一个出口倾销国。

这一时期以英国为代表的倾销活动具有以下特点：

首先，除传统产品外，新兴工业的产品进入倾销行列。就英国而言，除亚麻布、帆篷布等传统产品外，铁和棉织品进入了倾销的行列。特别是拿破仑战争后，英国凭借其在国内市场上的垄断地位，向法国大量倾销铁，几乎摧毁了法国所有的铁工厂；19世纪初，英国棉纺织业生产厂商开始对外廉价销售纱线，使得法国竞争者长期处于不利的竞争地位。

其次，出口倾销的产品从出口补贴向垄断定价发展。19世纪初期，欧美强国开始相继进入了减少政府出口补贴的时期，为规模生产和垄断厂商提供了利好机会。亦如上文提到的，由于英国纺织业的垄断发展，法国三次试图利用安哥拉羊毛生产自己的毛纺织品都失败了，因为产品在市场上一出现，英国纺织业主便降价 20% ～ 25%，使竞争成为不可能。这也是典型的"垄断化"倾销，使得后来的生产者无法进行规模生产，形成竞争。

同样地，在这一时期，各国的反倾销指控基本上也都是针对英国的。18 世纪末，美国在刚独立不久就质疑英国以出口补贴的政策向美国进行倾销，排挤美国新兴工业和本国竞争对手，企图摧毁美国刚发展起来的工业。我国在 18 世纪末到 19 世纪中期的短短几十年时间里，大量的黄金白银流向英国人的腰包，从一个长期贸易顺差的泱泱大国变成了贸易逆差国，国家财政出现严重赤字，可见英国出口厂商对中国的倾销行为是十分惊人的。

综上所述，以英国为代表的各个工业化国家为了争夺海外市场，会不同程度地加大出口倾销的力度，同样地，为了保护本国市场反倾销措施也随之而来。但总的来说，在自由资本主义竞争时期，倾销还没有成为国际贸易的重要手段。

## 2.1.3　垄断资本主义时期

第二次工业革命以后，世界格局发生巨大变化，美德等新兴资本主义国家开始走向历史舞台，并且在国际贸易倾销战中与英国抗衡。工业生产的迅猛扩张和不平衡发展、垄断组织的普遍出现和存在、盛行于工业国家之间的高关税保护，以及对产品销售市场的争夺，为国际倾销的盛行创造了条件。倾销在这一时期的国际贸易中达到了空前的程度。正是从这一时期开始，倾销成为国际社会普遍关注的贸易问题。一些国家开始制定本国的反倾销法。不久以后，国际联盟也专门就倾销问题寻求解决办法，为后来关贸总协定提供了前车之鉴。同时，倾销问题也日益受到学者们的注意，他们针对这一时期的倾销问题开始了比较专门和系统的研究。

这一时期的倾销具有以下特点：

1. 进行倾销的国家显著增多。以往历史时期，英国几乎是唯一的倾销国，到了这一时期，卷入倾销的国家骤然增多。受到倾销指责的国家，除英国外，还包括当时所有进入工业化的国家，例如德国、比利时、法国、奥地利、西班牙、意大利、俄罗斯、波兰、美国、加拿大以及日本等。其中，尤以美国和德国受到的指责最多。

2. 倾销产品的范围和种类持续增加。在上一时期，英国出口主要为棉纺织品和钢铁等初级产品，到垄断资本主义时期，倾销产品的种类几乎涉及了当时所有的工业化产品，甚至包括具有专利和商标保护的缝纫机、剃须刀、手表、钢笔等，产品范围之广，种类之多样化已经无法形容。

3. 倾销已经成为贸易垄断的重要手段。当时的垄断组织对外倾销的主要目的是获取高额利润、占领海外市场。在这一过程中，具有雄厚实力的生产企业结成联盟形成厂商联盟，以获取在国内外市场上竞争的优势地位，这就是我们常说的垄断组织。它依靠在国内市场上的垄断地位控制国内市场的高价销售，以此支持长期的出口倾销，最终战胜国际市场上同类产品的竞争对手，取得国际市场上的垄断地位；反之只有这种长期的低价倾销和垄断地位，才能维系国内的规模生产和在国内市场上的垄断地位，二者相互依赖、相辅相成。

4. 倾销在多数国家得到了公开默许和鼓励，虽然在这一时期官方出口补贴已大幅减少，但更多的是采取了隐蔽的、间接的形式进行支持，例如出口退税等。倾销已经成为多数国家对外贸易扩张的重要途径。如1880年，美国国务卿埃瓦特（Evarts）就建议棉制品厂商通过出口倾销建立国外市场的贸易关系；1906年，美国政府在制造业持续大规模倾销的情况下提出增加出口、扩大生产、增加就业、提高工资是每个制造业者最光荣的事；1902年德国国会指定了一个委员会，就卡特尔管理以及倾销对本国工业可能造成的损害问题进行调查，但该委员会最后建议不对卡特尔进行干预，因为它们的出口倾销证明对德国是有利的。

5. 掠夺性倾销仍然发生。当时采取掠夺性倾销的主要是德国，美国也有不少。德国垄断组织在出口中大幅削价以挤垮竞争对手，使之在价格、市场方面纳入其支配的范围。尤其是德国相对其他国家占有显著优势的化学工业，在美国等国家市场上进行苯胺油、草酸、染料等化学品的掠夺性倾销，目的在于挤垮处于劣势地位的当地同业竞争者，以建立世界性垄断。

在反倾销方面，当时各主要工业国家的垄断组织普遍进行持续倾销，并且彼此为主要的倾销市场。不过，却未见有它们彼此间专门的反倾销行动的记录，至少这一时期还没有一个主要工业国家进行反倾销立法。其原因在于，除英国外，各主要工业国家在产品上彼此互有需求，且单方面地行动可能导致对等报复，本国的生产和消费会受到较大的影响，而当时各国的关税水平都已很高，而且多次竞相上浮，或者根据实际情况机动地运用从价税、从量税或附加税，事实上也起到了征收反倾销税的作用。与此相反，这些工业国家的附属国的反映却较强烈。这些附属国仍然是这些工业国的原料和初级产品供应来源，同时也已开始发展自己独立的经济，而工业国的倾销显然有损它们独立经济的形成与发展，因此这些国家率先开始了反倾销行动。

## 2.1.4　两次世界大战时期

第一次世界大战后到第二次世界大战前，资本主义国家经济危机频繁发生，生产能力过剩，消费能力降低，发达国家一边拼命地向国外倾销积压库存商品，一边又采取相应的反倾销措施，国际市场上贸易保护主义盛行。

从倾销方面来看，倾销的形式与性质持续多样化。主要表现在：政府再次出台出口补贴、出口信贷等政策积极鼓励和支持私人厂商或卡特尔对外出口；同时，主要工业化国家继续从其殖民地获取廉价原料和初级产品，并将其作为自己产品销售甚至是出口倾销的主要市场。例如当时的德国作为战败国已经失去了大量的殖民地，为满足对原材料的需要，在极缺外汇的情况下，德国利用国际传统市场和自己日渐增强的综合国力，大量获取中东和南美等国的原材料及农产品，同时也借机大规模倾销工业产品；货币危机发生以后，各国货币纷纷贬值，私人厂商和垄断组织在政府的支持下，利用货币贬值进行外汇倾销。以日本为例，20 世纪 20 ~ 30 年代，日本棉纺织品出口额仅为英国的 33%，1930 年增长为 65%，1933 年便超过英国居世界首位，而两年后竟然超过英国出口额的 40%，日本之所以有如此贸易增长额除了其具有廉价劳动力竞争优势以外，日元在这一期间的大幅度贬值也是其出口扩张的重要原因之一。

从反倾销方面来看，由于各国极力鼓动本国厂商出口，同时又采取相应措施保护本国市场，作为贸易保护手段之一的反倾销措施在这一时期起到了非比寻常的重要作用。例如，英国金属业同盟建立了"斗争基金"对比利时在英国的倾销进行报复。同时，由于经济危机的频繁爆发，为了抵制他国为清理积压产品或占领国际市场进行商品倾销，在 1920 ~ 1922 年间，又有 10 多个国家先后出台了反倾销法，其中包括英、美两国。在这一时期英、美等国之所以出台反倾销法，毋庸置疑很大程度上是为了保护本国工业部门，第一次世界大战期间，英国汽车、电气、有色金属等新兴工业部门得到了长足的发展，但战后英国仍然害怕与老牌劲旅德国的交锋，因此反倾销立法便成为英国保护上述工业的定心丸。美国亦是如此，第一次世界大战期间，美国大发战争财，一些原本缺乏竞争力的制造业得到了前所未有的发展；战后的美国同样十分担心欧洲国家对其试行报复性倾销，因此率先出台反倾销法以保护好战时发展起来的优势产业。因此英、美两国在第二次世界大战爆发前，它们所保护工业都已经具有相当规模和实力，例如 1926 年合并成立的英国帝国化学公司成为当时世界上最大的化工企业之一。这也说明了反倾销虽然具有加剧贸易摩擦的效应，但同时对于保护一国劣势行业不受外界干扰也无疑是最有效的手段之一。

## 2.1.5　第二次世界大战以后

从第二次世界大战结束到 GATT 的签订，直至 1967 年 GATT 肯尼迪回合多边贸易谈判的结束，这二十几年间是战后世界经济与贸易发展较为快速的时期。由于各国经济的快速增长，为更快地发展生产力，参与国际竞争，由于各国都不希望通过反倾销措施来制约进出口贸易。因此只要不对本国产业产生整体或毁灭性破坏的行销行为，各国政府并不采取积极的反倾销措施，从而使得这一时期的反倾销措施显得十分有限。同时由于 GATT 和 WTO 的作用，发达国家的关税一降再降，而发展中国家的平均关税水平也大幅下调。这极大地便利了各国间出口倾销，同时也给进口国利用关税壁垒推行贸易保护政策造成了极大的阻碍。在这一时期，日本以其强大的成本优势同欧美等发达国家进行价格竞争，成为当时对外贸易扩张速度最快的国家。新兴工业化国家也得意于这一时期所实施的出口导向型政策，利用自己的廉价劳动力比较优势获得了迅速发展，不断壮大和发展自己的工业，低价倾销成为这些产业成长起来的重要过程。

到 20 世纪 70 年代以后，随着"滞胀"的来临，经济形势的恶化和新兴工业化国家相继参与国际竞争，使得欧美等发达国家内部产生了巨大的贸易保护需求。纷杂的贸易保护手段在这一时期被频繁使用，反倾销凭借其实施便利、快捷、成本低以及相对安全并且效果显著等特点，引起了各国的高度关注，并在 90 年代后成为世界各国使用最为频繁的贸易保护工具。至此，在世界经济一体化进程不断加速的前提下，国际贸易和国际投资日益自由化的趋势下使反倾销成为维护公平竞争和保护各国贸易正常化的最有效手段，但同时也多多少少地加剧了各国贸易摩擦，恶化了国际市场上的贸易秩序。

综上所述，国际倾销与反倾销的发展史实际上是有着明显的轨迹可循，他们以历史上工业化进程和经济发展的重要结点为时间阶

段，随着工业化国家数量的多少而扩张；倾销商品也从先行工业化
国家开始逐渐向新兴工业化国家和发展中国家转移；而垄断、关税
壁垒和政府进出口政策对倾销和反倾销的产生、发展乃至二者矛盾
的激化也都起到了极其重要的作用，但根本原因还是工业化的不断
普及而导致的产品市场竞争的日趋激烈。由此来看，倾销与反倾销
也将继续扮演今后国际贸易竞争中的重要角色，为促进世界经济一
体化献力。

## 2.2　倾销的含义与界定标准

### 2.2.1　倾销的含义

英语中的"Dumping"一词是"倾销"这一术语的直接来源。
"Dumping"是指将大宗货物或其他东西翻倒、倾卸以至抛弃。现
代商事交易引进该术语后，经济学家和法学家赋予它一种特定的含
义使之成为一个专门用语。反倾销法中的"倾销"定义以关贸总协
定中"倾销"的定义为基础。总协定《反倾销守则》第 2 条第 1
款这样规定："在正常的贸易中，如果一国向另一国出口某一产品，
该产品的价格低于出口国本国销售相应同类产品的价格，则该产品
应视为倾销品。"关贸总协定这一定义的核心内容是：在国际货物
交易中，当一个国家的产品以低于它的正常价格进入到另一个国家
市场时，这便是倾销。所谓"低于正常价格"既包括产品出口价格
低于国内市场销售价的价格歧视，也包括产品出口价低于产品成本
价的亏本销售。关贸总协定有关文献的解释表明倾销的标的仅仅是
产品或商品，即可转让的有形财产、无形资产、劳务等则不在倾销
标的之列。

首次对倾销进行系统研究的是美国贸易学家雅各布·瓦伊纳
（Jacob Viner），他于 1923 年出版了《倾销：国际贸易中的一个问
题》一书。此书 2003 年版中将倾销按时间主要分为了三种：突发

性倾销、短期或间歇性倾销、长期或持续性倾销。

突发性倾销，是指在不规则的间隔期间内，偶然或是临时的倾销。这种倾销经常表现为以摆脱剩余产品的压力为目的，对大批积压产品向进口国进行不计成本的销售行为。出口商的倾销行为多是为了保证其国内同类产品价格的稳定性，从而保证市场正常利润的获取。对于进口国而言，进口国消费者因为可以购买到廉价地外国商品而受益；进口国的同类产业也会因为接受国外倾销产品的刺激而不得不采取加强内部管理、提高生产效率、降低生产成本等措施。当然，偶然的倾销行为对于正在成长或竞争力有限的中小企业而言则可能造成巨大的冲击而损失惨重。

短期或间歇性倾销，是指在一段时间内，遵循已定的出口方针或策略，出口商稳定、系统地连续实施倾销行为，以暂时的损失换取日后的高额利润。通常我们称其为掠夺性倾销，这种倾销行为以控制、占领、掠夺海外市场为目的，通过产品的价格倾销甚至成本倾销占领进口国同类产业市场。将进口国产业挤垮，形成垄断地位后出口商提高产品价格获得垄断利润。这种倾销方式在国际贸易中受到强烈谴责，不仅因为其行为有违商业道德，而且也给进口国的相似产业造成了损害，同时因其间的产业调整更是带来了资源、资金等不必要的浪费。

长期或持续性倾销，是指在一个相当持久的期限内，出口商连续低价向进口国销售其产品。一般出现这种情况主要是由于出口商企业大批量生产倾销产品导致超出国内需求，为保持其国内价格和利润的相对稳定而向国外持续倾销；还有一种原因则可能是该倾销企业长期受到政府的出口补贴。出口国往往在本国维持其产品的高价销售以稳定利润的来源，在进口国中的倾销实际上是本国消费者对出口的间接补贴。所以，究其实质，长期或持续的倾销都存在一方或明或暗地给予弥补，只要倾销厂商的利润在整体上为正值就意味着企业处于盈利状态，则这种倾销就会持续下去。不用说这是对出口国本国消费者的不公平，而且这种倾销无疑会带来全球资源分配和使用上的错误，并对进口国国内同类企业造成伤害。

## 2.2.2　倾销的界定标准

从倾销的定义我们可以得知构成倾销必须同时具备三个条件：一是产品价格低于正常价值；二是给有关国家同类产品的产业造成了实质损害，或有实质性损害威胁；三是低于正常价值的销售与损害之间存在因果关系。

### 1. 正常价值的确定

正常价值，美国称"公平市场价值"或"外国市场价值"，是确定是否存在倾销的两个要素之一。其价值越是大于出口价格，倾销幅度就越高；反之，倾销幅度就越低或不存在倾销。美国反倾销法规定确定正常价值的方法主要有以下几种：

（1）国内销售价格：这是确定正常价值的基本方法，且只有被视为市场经济的国家才采用此种方法。采用的国内销售价格要具有代表性，价格应是在正常商业做法下形成的，国内销售价一般使用批发价格。另外，美国要求出口国国内市场的销售量要大于或等于出口国向其他所有第三国出口量的5%。

（2）对第三国的出口价格：如果被指控产品在出口国无销售或销售量极小，这时出口国可能采取此方法来确定正常价值。

（3）结构价格：指对被指控产品的生产成本的估算并加上一定的利润。美国法律规定要在生产成本上加上10%的管理费，利润不能少于8%。

（4）低于成本销售时的正常价格：1974年，美国在其贸易法中规定，低于成本销售不属于正常贸易做法。目前的趋势是放弃简单的"价格与价格"的比较，代之而起的是"价格与成本"的比较，即以生产成本作为测量公平价值的唯一标准。

### 2. 损害的确定

在确定损害时要考虑下列三项因素：被调查的进口产品的数量；该产品对进口相似产品的国内价格的影响；该产品对进口国相

似产品生产者的影响。确定损害时一般要显示出进口国相似产品生产工业利润下降或出现亏损。

美国 1988 年《综合贸易与竞争法》第 1328 条要求美国国际贸易委员会在确定倾销产品给工业是否带来实质性损害时，须对每个陈述理由、每个经济因素做出分析。在考虑价格影响时，不再只是要求考虑掠夺性的进口产品价格对国内相似产品的价格影响，而是只要一般的低价倾销就必须考虑对美国工业的影响，也增加了新的判断因素，即要考虑倾销产品对美国刚建立起来的工业的有害影响。

在确定损害时，一般可分为"实质性损害"和"实质性损害威胁"。

（1）实质性损害。任何损害的确定都必须以证据作为判断的依据，所谓实质性损害是指非无关紧要的或是不重要的损害。在做出实质性损害的结论时应考虑到受调查产品的进口量，该产品的进口对进口国同类产品价格的影响以及该产品的进口对进口国同类产品生产商的影响，有时甚至还需要考虑到有关的经济政治因素。对于数量因素，各国均未对其做出具体的规定，美国反倾销法规定："在评估该产品进口数量时，国际贸易委员会应考虑产品的进口量或数量的增长是否是大量的。"欧盟理事会 1995 年《关于抵制非欧共体成员国倾销进口的第 384/96 号规则》也规定"关于倾销产品的进口数量是否已经大幅度增长，应当从绝对条件或从与共同体内的生产或消费相对条件两方面去考虑。"对于价格因素，总结起来则是倾销产品对于进口国国内生产的同类产品的价格影响不应该出现降价，严重抑制价格或者价格上涨。对于国内产业因素，审查倾销所带来的影响所需调查考虑的方面有很多，比如销量、利润、市场份额、投资收益、生产设备的利用率、库存、就业、工资、增长率等。在结合诸多评估数据的基础上做出综合判断。

（2）实质性损害威胁。所谓实质性损害威胁是指产品的出口倾销如果不采取防范或保护措施，将会对进口国产生实质性损害。

WTO《关于履行 1994 年关税与贸易总协定第六条的协定》对于实质性损害威胁的断定规定应该考虑四方面的因素：①倾销进口产品以极高的增长比例进入国内市场，表明有实质性增加进口的可能性；②出口商充分自由地处置，或迫近的实质性增长的能力，表明有实质性增加向进口国市场出口倾销产品的可能性，同时考虑其他出口市场吸收任何额外出口产品的情形；③进口产品是否会有严重抑制或压制国内价格的影响，以及可能会增加进一步进口的需求；④受调查产品的库存情况。单看一个因素并不能得出实质性损害威胁的结论，需要四个因素同时确定方可得出结论。

**3. 倾销和损害之间的因果关系**

在审查倾销的进口产品与工业损害是否存在因果关系时，主要考虑三个因素：

（1）进口数量：主要看进口数量在进口国工业遭受实质损失时是否大量增加；

（2）价格影响：看是否倾销的进口货降低了进口国相似产品的价格，是否大幅度压制了或阻止这类产品的价格；

（3）对进口国国内生产者的冲击：分析倾销产品对进口国工业的冲击。

## 2.3　倾销对经济的影响

### 2.3.1　倾销对进口国经济的影响

倾销对进口国国内经济的影响是进口国政府最为关注的问题，其影响的程度大小也是进口国政府决定是否采取反倾销措施的基础。

**1. 对进口国产业的影响**

突发性倾销，与偶发性的国内贸易减价销售一样，会一时扰乱国内厂商的利润收益，但不会影响其生产规模或商务。

短期倾销的发生，不论是出于什么动机，都可能使进口国工业遭受严重损害，甚至被完全销毁，尤其是当倾销出于掠夺性动机时，这种损害更大。

长期倾销对进口国产业的影响则要区别情况分析。如果本国产业属于"边际产业"且是进口国经济调整的对象，当本国产业竞争不过倾销产品时，其有关的生产要素就会被转移到其他商品的生产中去，转移的成本可能很大，但是从长远来看却是符合国家利益的；如果本国产业是进口国所扶持的新工业，尚不成熟，则长期倾销会破坏幼稚工业的发展，导致进口国长远利益受到损害。

**2. 对消费者的影响**

对消费者而言，突发性倾销和短期倾销增加了消费者的选择，带来了价格上的好处，增进了消费者福利。但是短期倾销带来的价格好处是短暂的，如果倾销是掠夺性的，消费者会因倾销终止后的垄断高价而蒙受损失；如果不是掠夺性倾销，则消费者也可能因为倾销停止后造成的国内供给暂时不足，而承受价格上涨带来的损失。

长期倾销能够使进口国国内价格低于倾销前，其无限持续下去，会给进口国消费者带来长期的可观的价格上的好处。不少经济学家认为，长期倾销下消费者获得的好处会超过最终生产者所受的损失。

**3. 对下游产业的影响**

如果倾销产品对该以倾销产品为投入品的产业来说是相对稳定的，那么以倾销产品为投入品的企业的生产成本将会下降，具有价格上的竞争力，有助于此类相同产品在贸易竞争中占据优势；但是如果倾销产品具有突发性或者短期性时，即倾销产品对该以倾销产品为投入品的产业来说并非稳定不变的，然而由于进口国的下游生产企业认识错误，以为这些倾销产品的低价会是持续长久的，并根据这种错误认识扩大企业生产以期获得更多利润，当倾销结束后，进口国下游生产企业的规模已经扩大或是已具规模，这时无疑会导致资源配置的浪费和损失，甚至因此威胁到扩大企业的运转和生存。

## 2.3.2　倾销对出口国经济的影响

### 1. 对出口商的影响

时间间隔不确定的突发性倾销，比如把偶然积压的存货在国外市场上削价销售，此情形下，倾销不是为了扰乱国内市场价格，所以为维持国内市场价格，厂商会减少产出，以维持供求平衡；或者厂商会选择产出不变，降低国内售价。这种偶发倾销不会对出口商的产出造成任何影响。

在有限时间内，稳定而有计划地进行短期倾销，其生产也是为倾销而有意从事的生产，这种倾销是依据明确制定的出口策略而实施的，因此短期倾销期间内的产量会比倾销前的产量要增加，增加的幅度取决于国外市场的最大盈利点。

在一个很长的时期内持续发生的倾销，厂商凭借其在国内市场的垄断地位，以获取国内外最大利润为原则来确定产出，并根据国内外市场上的边际收益相等且与边际成本相等的原则来分配国内外市场上的销量。在边际成本不变的情况下，总产量会大于国内销量。

### 2. 对消费者的影响

如果倾销是为了在海外降价处理多余存货、为了把产品打入一个新市场、为了驱除国外竞争对手或者目的是为了保持国内工厂的充分开工，则此类倾销不会对国内产品的价格有任何影响，消费者福利不变。

如果在没有倾销时便已达到最大产量，并且每出口一件产品便意味着国内少销售一件商品，此时的倾销会由于国内供给的减少而使国内价格上升，消费者福利减少。

如果在国外倾销幅度过大，并且倾销商品回流国内市场无阻碍或阻碍小，或者通过倾销扩大了生产规模而使生产更加稳定而获益，此时倾销会导致国内价格下降，消费者福利增加。

**3. 对下游产业的影响**

原材料出口倾销，为外国的同类下游产业提供了以更低价格获得原材料的竞争优势，使其可以同本国下游产业争夺国内市场，会使利用这些原材料进行生产的本国下游产业受到损害。

**4. 对出口国整体福利的影响**

倾销是增加还是减少出口国的福利，取决于因生产扩大所带来的福利增加是否能抵消使国内销量减少所带来的损失。如果前者大于后者，出口国整体福利会增加，反之，出口国的整体福利则会减少。

### 2.3.3 倾销对第三国经济的影响

一国对另一国的倾销看似只在两国之间进行，然而其影响力也会波及第三国家。倾销对第三国的影响主要表现是：如前文所提，出口国将产品倾销到进口国会导致第三国在进口国市场上的份额减少和降低第三国其他某些产品（进口国以倾销产品为投入品的企业生产出的产品）在国际贸易中的竞争力，其影响的大小取决于出口价格与倾销价格之间的差额、倾销产品与进口国同类产品相比的质量差异等。

## 2.4 反倾销的含义、措施及动机

### 2.4.1 反倾销的含义

由于倾销被视为一种价格歧视，世界各国从自身的利益出发，对来自其他国家的倾销行为采取坚决反对和禁止的态度和行为，这就是所谓的反倾销。反倾销是一种保护本国企业的条款，是抵制国际贸易中的不公平贸易行为。针对的是来自某一国家的进口产品，即便有几个国家同时对其实施倾销，进口国亦可以自主选择反倾销的对象，因此，其带有明显的歧视性。

自 1904 年加拿大首先颁布反倾销法以来，新西兰、澳大利亚、美国、欧共体等也先后颁布了自己的反倾销法，并且最终于 1968 年 7 月 11 日世界范围内实施《关于执行关贸总协定第六条的协定》，即《国际反倾销守则》，使得国际贸易中的反倾销行为法律化、程序化，并成为世界各国的共识。

### 2.4.2 反倾销的措施

反倾销措施包括临时措施、价格承诺和征收反倾销税。

**1. 临时措施**

《反倾销协议》第 7 条规定，在符合下列条件时，调查当局可以采取临时反倾销措施：（1）已开始调查，已予以公告，并已经给有利害关系的当事人提供资料和提出意见的充分机会；（2）已做出倾销存在和对国内相关产业造成损害的肯定性初步裁定；（3）调查当局认定采取临时措施对防止在调查期间继续发生损害是必需的。

临时措施的种类包括：（1）征收临时反倾销税；（2）采用担保方式，支付现金或保证金。临时反倾销税和保证金的数额不得高于初步裁定确定的倾销幅度。

临时措施应从开始调查之日起的 60 天后方可采取，其实施的期限一般不能超过 4 个月；如果有关贸易的出口商提出要求，由调查当局决定，该期限可延长至 6 个月。如果调查过程中调查当局正在审查征收低于倾销幅度的税额是否能消除损害时，则上述期间可分别为 6 个月和 9 个月。

此外，采取临时反倾销措施应遵守征收固定反倾销税的其他规定。

**2. 价格承诺**

根据《反倾销协议》第 8 条的规定，价格承诺是指进口国调查当局与出口商或出口国政府就提高倾销产品价格，或停止以倾销价格向进口国出口，以便消除损害影响而达成的一种协议。其中，以提高倾销产品价格形式做出的价格承诺，其价格提高不得超过经初步裁定已确认的倾销幅度。

做出价格承诺的前提是已经做出了倾销存在和由倾销造成国内相关产业的损害的肯定性初步裁定。在初步裁定做出之前，或做出的裁定是否定的情况下，调查当局不能寻求或接受价格承诺。

达成价格承诺的要求可以是调查当局提出的，也可以是受调查的出口商提出的，但无论是谁首先提出的，对方都没有必须接受的义务。在出口商提出价格承诺的要求时，如果调查当局认为接受价格承诺在实际上是行不通的，如存在出口商的数目过多等情况，则可以不接受价格承诺。在调查当局提出价格承诺的要求时，出口商也没有义务必须接受，并且其拒绝接受的行为不应影响到对案件的最终裁决结果。

价格承诺一旦做出，其结果是导致反倾销调查的暂时中止，进口国反倾销当局应立即停止调查程序。在承诺执行期间，调查当局可要求出口商定期提供其执行承诺的有关信息资料。如果发现违反承诺的情况出现，调查当局可终止承诺协议的执行，并立即重新启动反倾销调查程序，调查当局可根据现有的证据资料立即采取临时反倾销措施，并且这时采取的临时措施可以追溯至采取措施前 90 天输入的产品，但这一追溯不适用于在违反承诺之前就已经进口的产品。

### 3. 征收反倾销税

反倾销税是最主要的一种反倾销措施，它是在反倾销调查当局在最终裁定中做出肯定性的倾销和损害存在的结论时所征收的税项。

征收反倾销税应遵循以下原则：（1）征收额度应低于或等于倾销幅度。如果以较少的征税就能足以消除对国内产业造成的损害，最好征税额小于倾销幅度。（2）多退少不补。如果最终确定的反倾销税额高于临时反倾销税，则差额部分不能要求出口商补交；反之，如果最终确定的反倾销税额低于临时反倾销税，则出口商多交的部分税款应当退还，并且退款应在做出决定后90天内进行。（3）非歧视原则。反倾销税的征收应一视同仁，其税率不能因国别不同而有差异，除非依照《反倾销协议》存在可以忽略不计的情况或存在倾销幅度的差异。

反倾销税应自征税之日起5年内结束，但如果在5年期限到来之前的一段合理时间内提出了复审要求。则在做出复审结果之前，反倾销税应继续征收。如果复审结果表明损害已不存在或不存在重新发生损害的可能，则反倾销税的征收应当停止；如果复审结果表明损害依然存在，或者停止征收反倾销税将导致倾销和损害继续发生或重新发生，则原有的反倾销税可以继续维持下去。

一般情况下，反倾销税的征收效力发生于最终裁定做出之后。但在特殊情况下，调查当局也可以对临时措施适用之前90天进入进口国消费领域的产品追溯征收反倾销税。根据《反倾销协议》第10条的规定，追溯征收反倾销税的条件包括：（1）倾销产品有对国内产业造成损害的倾销历史，或者倾销产品的进口商知道或应当知道产品的出口商在倾销产品，并且倾销将对国内产业造成损害；（2）倾销产品在短期内大量进口，并且已对国内产业造成损害。

### 2.4.3　反倾销的动机

进口国实施反倾销的动机大致可归纳为以下几种：

**1. 反对价格歧视**

某些学者认为倾销时生产商在国内和国外的歧视性定价扭曲了自由竞争机制下的价格水平，违背了世界贸易组织的公平竞争原则，所以应该通过反倾销措施进行制止。但是，生产商对于国内外市场的价格歧视行为有时候正是他们对于国内外市场不同条件的理性反应。

**2. 保护幼稚工业**

自李斯特系统地阐述幼稚工业保护理论以来，该理论一直是各国实施贸易保护的重要理论根据，穆勒甚至认为它是保护贸易唯一可以成立的理由。所谓幼稚工业是指不能独立存活于市场竞争之中，需要适当的政策保护，以便其积累经验并慢慢成长为能在市场竞争中立足的新兴产业。"如果对其（幼稚产业）进行一些临时性保护，它们就可能成长起来，从而获得批量生产的经济效益、大量的熟练工人、适合当地经济的发明以及许多成熟产业特有的技术效率。尽管实行保护在最初会使消费者承担价格上涨所带来的负担，但是产业发展成熟后就会富有效率，产品的成本和价格也都会下降。如果一项关税使得消费者在后来的收益远远大于在保护期内价格上升所承担的损失，那么这项关税就是合理的。"

**3. 节约区分倾销类别的成本**

在国际贸易中并不是所有的倾销都是不公平和需要制裁的。由于进口国和倾销企业之间的信息不对称，导致进口国没办法知道倾销产品的实际生产成本，纵使付出高额的信息成本也只能了解大概，为了保证国内产业的利益最好的办法是对所有的倾销行为进行调查或者制裁。而且倾销的类型也不是一成不变的，起初只是为了处理积压存货的突发性倾销可能转变成持续性倾销甚至掠夺性倾销，这种变化也让进口国很难判断出口国的倾销类型，对所有倾销都进行调查或制裁因此再次成为保护国内工业的最佳选择。

**4. 维护国家安全**

《关贸总协定》第 21 条明确规定了"安全例外"条款，即国家可以以国家安全利益为由不履行《关贸总协定》项下的某些义务。因此，对于关系到国家安全的产业，即使这些产业是落后的，国家出于政治、经济、国防等利益的考虑仍对这些产业提供诸多保护。例如美国的钢铁产业的生产成本远远高于中国、日本等钢铁生产国，但由于钢铁在国防工业中有着举足轻重的作用，所以美国政府对进口钢铁频频实施反倾销保护。

**5. 消除不公平竞争优势**

企业可以通过国家政府出台的贸易壁垒、补贴等获得竞争优势。但是这些竞争优势并非企业通过技术革新或是提高生产效率所产生的，而是由于国家的干预主义以及国家经济结构的差异而形成的，是人为优势。为削弱这种人为优势所造成的不公平，反倾销税可以很好地抵消外国企业在接受补贴时进行低价倾销所产生的优势。

如果说以上进口国实施反倾销的动机还只是为了保护公平贸易，那么随着国际市场上经济竞争程度的空前强化，进口国反倾销活动的动机已然走上了它的对立面。

**6. 实施变相贸易保护政策**

战略性贸易政策理论是 20 世纪 80 年代由布兰德尔和斯潘塞首创，并经克鲁格曼、海尔普曼等逐渐完善的国家干预理论。战略性进口政策理论描述了关税对外国产品竞争优势的削弱作用，当外国厂商将价格压低时，关税可以将价格提高，因此，当外国厂商低价倾销时，反倾销税将削弱外国厂商因倾销而取得的优势，使国内产业的利益得到保护。实施战略性贸易政策可以借助国家和政府的力量，将行业利润从外国企业转移到本国企业，即出现利润转移效应。但是世界贸易组织的法律条文是禁止国家单方面提高关税的，其约束关税制度使得任何国家单方提高关税都会招致其他国家的报复。在这种情况下，反倾销税，一种被认可且合法的关税形式，恰如其分地实现了战略性贸易政策理论所要求的保护。

**7. 实施贸易报复**

虽然各国的反倾销法都是以《WTO 反倾销协议》为基础的，但是各国对倾销的理解不尽相同，在裁定是否构成倾销时，裁定机关具有一定的灵活度，从而使倾销在一定程度上成为一种贸易措施。在当今世界贸易中此类事例并不鲜见，如果一个国家的产品在另一个国家受到了不公平的对待，那么这个国家可以对对方国家出口到本国的一些产品进行反倾销调查，以此作为贸易威胁要求对方国家对本国出口到该国的产品给予公平对待。

## 2.5　反倾销对经济的影响

### 2.5.1　反倾销对进口国经济的影响

虽然反倾销已经成为一种抑制竞争的贸易保护主义的强有力工具，但是对于反倾销的发起国来说，反倾销措施对国民经济的运行存在许多不良的影响。

**1. 反倾销对进口国社会福利的影响**

这里将进口国分为大国和小国两种情况讨论，因为在大国情况下，征收反倾销税会降低世界市场价格（即本国进口商在世界市场上购买进口品的价格要降低）。

（1）进口国是小国。如图 2 – 1 所示，S 和 D 分别是进口国的供给和需求曲线，横轴代表商品的数量 Q，纵轴代表商品的价格 P，

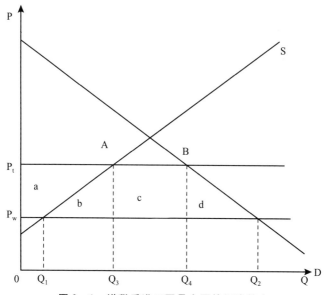

图 2 – 1　增税后进口国是小国的经济效应

$P_w$ 是征税前的世界价格，$P_t$ 是征收反倾销税后的进口国国内市场价格。显然，价格由于征税发生了上涨。从图中可以看出生产者剩余增加了 a，而进口国国内的消费者剩余减少了 a＋b＋c＋d，政府财政收入增加了 c，综合来看，进口国的净福利为：a＋c－(a＋b＋c＋d)＝－(b＋d)＜0。b 是损失的国际分工和生产专业化的利益，对于整个世界来说是一种资源浪费。d 是由于消费者需求下降造成损失，是消费者损失的国际交换利益。因此，造成了进口国社会福利的下降。

（2）进口国是大国。如图 2－2 所示，S 和 D 分别是进口国的供给和需求曲线，横轴代表商品的数量 Q，纵轴代表商品的价格 P，$P_w$ 是征税前的世界价格，$P_t$ 是征收反倾销税后的进口国国内市场价格。这里有一点与小国情况不同的是，世界价格由于反倾销实施国对价格的影响下降为 $P_{w1}$，t 为所征收反倾销税，这时，$P_t = P_{w1} + t$。由于这一点变化，政府的征收收入增加了 e，其他的消费者剩余

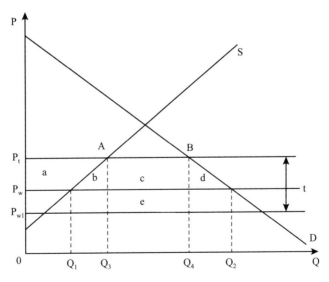

图 2－2　增税后进口国是大国的经济效应

和生产者剩余并未发生变化。大国征反倾销税净福利效应为：a +
(c + e) − (a + b + c + d) = e − (b + d)。当 e > (b + d) 时，本国社
会整体福利增加；当 e < (b + d) 时，本国社会整体福利减少。所
以，大国情形下征收反倾销税的福利效应是不确定的。它取决于贸
易条件效应与生产扭曲和消费扭曲两种效应之和的对比。这里虽然
可能存在 e > (b + d)，即本国社会整体福利增加的情况，但是从现
实的情况来看，很少有国家将征税所得收入用于诉讼行业技术的改
进或是对于消费者损失的补偿，所以征税并不能改进行业的竞争
力，生产者剩余最终仍无法提高，消费者剩余也无法改变。生产者
和消费者并不能从中获益，所以这种福利提高无任何实际意义。

**2. 反倾销对进口国上下游产业的影响**

　　当上游产业获得了反倾销保护后，这种保护会从上游产业延展
到同其垂直相连的下游产业。反倾销措施对上游产品的保护，加大
了将上游产品作为投入品的下游产业的生产成本，从而降低了下游
产业的竞争力。在满足一定条件的情况下，下游产业也会进行反倾
销申诉，当这种申诉的保护被授予时，最初由上游产业提起的反倾
销保护就延伸到了下游产业，被称为继发性保护效应。

　　继发性保护效应的表现，首先是反倾销措施对上游产品的保
护，加大了将上游产品作为投入品的下游产业的生产成本，从而降
低了下游产业的竞争力，这样就会增加了下游企业对保护的需求，
在满足一定条件的情况下，下游产业也会进行反倾销申诉，当这种
申诉的保护被授予时，最初由上游产业提起的反倾销就产生了继发
性保护效应；其次是上游产业获得保护后，上游产品总体价格水平
的上升，增加了下游产业投入品的价格，损害了下游企业的竞争
力，导致了其产量下降，这样将会对上游产品的引致需求产生负
面影响。上游产业寻求保护的目的是为了维护自己的产品在国内
市场的销售量，但这样一来在一定程度上抵消了反倾销实施国对
上游产品采取反倾销行动的效果，限制了上游产业从保护中获得
的收益，此时，如果对国内的下游产业也采取保护措施，维持本

国下游产业的竞争力及其产量，那么就可以消除这种负效应。因此，上游产业对下游产业寻求保护一般会采取支持的态度；再次是在下游企业寻求反倾销保护的时候，存在一种可能性，即把本国上游企业得到反倾销保护对下游企业的损害当成进口产品倾销造成的损害。一国反倾销当局在对本国产业受到的损害状况进行判断时，往往借助于企业利润率、就业量以及产出量等指标来衡量。在其他条件保持不变的情况下，对上游产业的保护，将对上述所有指标产生负面影响。

**3. 反倾销对进口国资源合理配置的影响**

亚当·斯密在《国富论》中指出："如果外国的某种商品比我们自己生产的便宜，我们最好就去生产别的有生产优势的产品，并用其中的一部分，换取国外那些便宜的商品。如果将劳力用在那些进口比自己生产还便宜的商品生产，这些劳力就一定没有得到最好的利用。如此，不将劳力用于最有价值的商品生产，则国家年产值或多或少就会受到损害。因为购买这些商品，所费比国内生产要少。顺乎自然规律，等量资本雇用的劳工所生产出来的部分产品或这些产品价值的一部分就足以换回同量的商品。由此可见，一国放弃优势行业生产而从事劣势行业生产，其年产品交换价值，不仅没有按立法者的立法意愿增加，反而一定会因如此的管制而减少。"因此，每个国家都应当最大限度地发挥自身的生产优势，通过国际贸易来换取自身必需的其他国家的优势产品，换句话说，国家的资源应当配置在本国的优势产业中。但是，进口国的反倾销措施却常常会造成对本国资源合理配置的负面影响，使得资源流向本国不具备优势的产业。反倾销诉讼中，进口国"国内工业"要求对于被指控倾销的产品采取反倾销措施的理由就是进口产品给"国内工业"带来了损害，也就是进口国"国内工业"的市场占有率、利润水平、产品价格、人员雇用等方面由于倾销而降低，产品库存增加等，这些损害本身同时说明"国内工业"生产的产品在与进口产品的竞争中处于劣势，进口国的此类产业极有可能属于其劣势产业，如果进口国通过采取反倾销措施，对此类"国内工业"进行保护的话，无疑是通过排除外来竞争的手段，维护本国此类行业的独占利润，而引发更多资源涌入本国的劣势产业，显然是进行错误的资源配置诱导，通过进口国的反倾销措施，进口国原先不占优势的产业由于国家的保护而发展，相反国家具有优势地位的产业却缺乏发展需要的资源。

**4. 反倾销对进口国消费者的影响**

当倾销发生时，对于消费者而言是有利的，因为可以从低价产品中获得更大的利益。当一国实行反倾销等贸易限制措施时，价格的上升会导致收入从消费者手里转移到生产商手里。反倾销实施以后，可能会导致两种结果：一种结果是反倾销实施国相关产业受到保护以后，并没有扩大生产，只是提高商品的价格，反倾销实施国的产业并没有因为受到保护就发展自身产业，去获得规模经济方面的优势或者产品技术质量的提高，在这样的情况下，消费者在无法享受低价商品利益的同时，有可能还必须忍受质量更低价格却相对更高的产品，如果该种产品并不是生活必需品的话，很有可能会导致消费者的消费结构发生变化，减少这种产品的消费，这就可能造成消费水平的降低；另一种结果是反倾销产生的保护效应使国内的资源配置发生变化，大批投资涌入该受保护的产业，错误地估计消费者的消费能力，最后造成产品的积压。资源配置的错误使得消费者可以消费产品的结构也会相应发生变化，由于大批资源集中在某一类产品的生产，而导致其他产品生产所需资源的缺失。资源的有限性和错误的配置必然会造成消费品结构的变化，进而影响到消费结构和消费水平。

## 2.5.2　反倾销对出口国经济的影响

**1. 反倾销对出口国出口贸易的影响**

出口国产品遭遇进口国反倾销时，出口国产品在进口国的市场将会迅速地缩小，甚至很快就会被迫退出进口国市场，这也是进口国采取反倾销的目的所在。这种消极影响还表现在反倾销的连锁效应上：首先，一个国家对出口国的产品采取反倾销措施，常常会有另外一个或几个国家跟进，也就同样的产品提出反倾销。特别是目前国际经济格局呈现出区域化一体化的趋势，一旦出口国产品遭到进口国的反倾销，就意味着出口国的产品将很可能要失去进口国所属经济体的全部市场；其次，由于许多国家采用原产地原则，出口国产品遭受反倾销，不但会影响到产品的直接出口，还会进一步殃及产品的转口，造成转口产品不能出口。

**2. 反倾销对出口国社会福利的影响**

很明显，反倾销会使被诉的出口国国内社会净福利下降。反倾销给我国的出口企业、三资企业都带来重大的经济损失。或是败诉退出市场，或是耗时、耗费、耗精力才赢得了胜诉。巨额的反倾销税，不仅使出口商损失惨重，而且导致国内大批的企业倒闭，数十万名职工失业。反倾销缩小了出口国企业的生产能力，不利于增加经济实力，使就业机会减少，从而减少了社会财富总量。

**3. 反倾销对产业结构的影响**

反倾销保护的是进口国落后和衰败的产业，打击的却是出口国具有国际比较优势的产业，这些产业往往在出口国经济中占有举足轻重的地位，在整个产业结构中担负重要的支撑作用。出口商在国外被征收反倾销税后，在国外市场销售困难，在暂时来不及转移市场或转移市场无望（因反倾销的扩展效应）的情况下、势必返销国内市场，导致出口国的出口商品非正常回流，冲击国内市场。在返销品的价格与国内市场同类产品的价格相当的情况下，由于出口商品在质量、款式等方面要优于内销产品，其销量必高于内销产品。这样，返销品就会冲击国内市场上的同类产品或替代品，造成国内市场供求失衡及物价非正常波动，影响国内经济正常发展。从而影响出口国制造工业及相关行业的发展，造成本国出口企业产品严重积压，库存大大增加，有的甚至被迫停产。这不仅严重影响了出口国经济的发展，甚至可能产生恶性循环，导致出口进一步恶化，而且也会对社会的安定产生不利因素。

**4. 反倾销对规模经济的影响**

规模经济是指由于生产规模扩大而导致长期平均成本下降的情况。产生规模经济的主要原因是劳动分工与专业化，以及技术因素。具有规模节约的企业，在一个相当大的产量范围内，随着产量的增加，单位产品的成本递减，使企业具有贸易优势。但规模节约的实现与市场容量有密切关系。如果市场广阔，则它的制造业就有条件进行大规模生产，提高经营效率，降低成本，实现规模节约，取得比较优势，其产品出口到国际市场上就具有竞争能力。因此，反倾销造成的市场缩小会破坏一国制造业规模经济水平，导致利润率下降。

**5. 反倾销对外资利用的影响**

反倾销会对出口国利用外资造成不良影响，以我国为例。我国被诉商品的生产和出口企业有国有企业，也有三资企业，包括来料加工、来样加工和来件装配的产品。三资企业的出口额在我国出口总额中占有相当比重，且处于上升趋势。反倾销的结果会使得这些企业逐渐减少或丧失其海外市场份额，势必危及外商投资者的经济效益，影响其对华投资信心，对我国投资环境的改善和利用外资的扩大会产生不良的影响，有可能造成外国投资者从中国撤资。反倾销使得出口国的社会净福利绝对减少，势必导致购买力减少和实际生活水平下降，进一步使消费和投资下降，这是对投资的反向刺激。由于反倾销而带来的投资不振，会影响出口国经济的动态利益。

## 2.5.3　反倾销对第三国经济的影响

如果一项倾销的产品在进口国市场与第三国的出口产品存在竞争，则会由于市场对第三国产品需求的下降，导致第三国市场份额乃至其出口厂商的利润都会下降；或者如果出口国被起诉的倾销产品是出口国通过与第三国的转口贸易而来，则第三国势必会受到牵连，从以上两个角度来看，反倾销对第三国是有害的。

另外，由于反倾销使倾销产品的竞争力大大削弱，甚至退出进口国市场，这显然有利于第三国占领进口国市场，可能会使其市场占有率提高，产量增加，也有利于第三国形成规模经济。从这个角度来说，反倾销对第三国是有利的。

## 2.6  小    结

本章追溯了从重商主义时期、自由资本主义时期、垄断资本主义时期、两次世界大战期间及第二次世界大战后倾销与反倾销的历史演进过程，在理清倾销与反倾销基本含义的基础之上，重点分析了倾销与反倾销各自对进口国经济、出口国经济、第三国经济的影响，力求对倾销与反倾销现象有个全面与客观的认识。

# 第 **3** 章

# 跨国公司国际市场进入模式

在国际贸易的研究领域里，跨国公司国际市场进入模式选择一直是一个重要的课题。进入模式直接影响到企业进入国际市场以后的经营活动以及资源投入，关系到企业长远的、全局性的发展，是企业发展的方向性决策。选择得当，会有助于企业在全球竞争中获得竞争优势，从而推动企业国际化经营的可持续发展；选择不当，则会造成后续一系列的国际化经营失败，给企业带来重大损失。本章对跨国公司进入模式的理论、进入模式的类型以及影响因素进行了详尽的分析。

## 3.1 海外市场的形成

人类在漫长的生产和交换过程中产生了贸易，但是古代国与国之间的贸易还不能称为海外市场的开发。真正意义上的海外市场开发是伴随着工业革命和资本主义经济的产生和发展才出现的，它也是和跨国公司的出现紧密相连的，海外市场的开发促进了跨国公司的发展，跨国公司的发展进一步促进了海外市场的开发。总结起来，海外市场的形成经历了三个主要的阶段。

### 3.1.1 资本主义初级阶段

发生在 18 世纪末和 19 世纪初期的产业革命是人类历史上第一

次科技革命，机器的应用塑造了真正的国际分工。而在这之前，各国之间的经济贸易联系和物质基础是国内社会分工，或者说是国内社会分工的对外延伸，而不是真正的国际分工。国际分工是生产发展到一定阶段的产物，使生产超越国界的体现。机器大工业将各国都卷入了世界经济的旋涡，生产和消费都变成了世界性的。欧洲加工的原料来自遥远的海外，而成品也销往海外地区。资本主义初期，西欧国家推行重商主义政策，争夺海上霸权。独占殖民地的贸易，通过不平等交换和其他暴力方式，大量掠夺殖民地的财富，是资本原始积累的主要途径之一。这时为了保证在海外殖民地贸易中的垄断地位，西欧国家建立了许多贸易公司。当时英国、荷兰和法国都有许多这样的公司，例如英国的东印度公司和皇家非洲公司等，资本主义国家开始了在海外市场的经营和发展，但是这种对海外市场的开发行为是掠夺性的。

### 3.1.2　垄断资本主义阶段

随着资本主义向垄断阶段过渡，第二次科技革命发生了，内燃机、发电机、发动机、新的冶炼技术、化学和物理学的进步，这一切标志着生产力登上了一个新台阶。世界铁路网的修筑，电报和电话的应用，海上运输的发展使得垂直型的国际分工（即从农业、矿业等原料到加工制造）继续发展，水平型的分工即各个部门支架的分工也日益扩大，最明显的便是欧洲、北美的工业国家相互间的贸易迅速增长。例如，美国的重型机械、汽车和石油开采等，德国的电气和化学工业等，英国的机械制造和纺织业等都各具优势，互相进行工业品的贸易。西方的企业为了保证原料的供应和市场的稳定，把海外市场作为企业经营的重要目标，开始了真正意义上的跨国经营行为。最著名的是美国的胜家缝纫机制造公司，它于1851年取得缝纫机专利，为了占领欧洲的市场，同时为了防止外国仿造，于1868年在苏格兰格拉斯哥设厂，1880年在伦敦设立负责欧洲、亚洲和非洲销售业务的机构。继胜家公司之后，国际收获机公司、通用电气公司、国民收银机公司等大型企业也纷纷到国外设厂进行生产和销售。1880~1914年，德国和瑞士的化学燃料公司，如德国的巴斯夫（BASF）、荷埃斯特（Hoechst）和瑞士的切巴（Ciba）等在英国、法国、美国等地设厂生产和销售。资本主义国家企业在海外市场的开发与经营已经颇具规模了。

### 3.1.3 当代资本主义阶段

第二次世界大战以来，发生了第三次科技革命：原子能科学、高分子科学、航空航天科学、微电子技术与计算机等的发展带来了新的能源、新的材料、新的通信方法、新的手段。空间和时间对人类似乎大大缩小了，世界变成了一个地球村。这次科技革命再次引起了国际分工的巨大变化：国际分工过去主要受要素禀赋所制约，而现在则以科技进步为转移，科技进步逐步减轻甚至摆脱了对自然资源的依赖，科技在生产要素中占了主导作用，这使得要素在全世界的合理配置成为必要和可能。同时，生产国际化使部门之间的专业化转向部门内部，构成了新国际分工的主导模式。

国际专业化的发展使本来在一个企业内部进行的设计、研制、零部件的加工或采购和总装、营销等一系列活动分布到了国外进行，即企业内部不同的部门、工厂、车间、工序、销售可以在国家范围内安排定位，这实际是企业内部分工的国际化，这种企业内部生产的国际化促进了跨国公司的大力发展，也使得全球市场的一体化迅速形成。国内业务与海外业务已经没有区别了，世界上大型的企业几乎都是以海外市场为重要目标的跨国公司。在世界500强企业中有2/3的企业成功占有了海外市场，许多跨国企业的母国市场已经远不如海外市场重要，例如摩托罗拉是一家美国企业，但其大部分销售额依靠中国市场，家乐福是一家法国的跨国公司，但其只有20%的市场在欧洲。海外市场的全面开发是市场国际化和全球经济一体化的重要途径与环节。对海外市场的开发与经营不仅是大型跨国公司，一些中小企业也依靠国际分工中的各种优势成功经营了自己的海外市场。随着国际分工的深化，发展中国家的企业也开始了海外市场的开发与经营，以亚洲"四小龙"为主的东亚国家和中国也依靠在原料、市场和劳动力等方面的优势，逐步进入了发达国家和发展中国家的海外市场，世界范围内对海外市场的开发已经全面展开了。

## 3.2　跨国公司国际市场进入模式的理论分析

关于国际市场进入模式的选择研究，从国际贸易理论中分离出来，成为一个单独的研究领域，比较公认的标志是 1960 年海默（Hymer）在其导师金德柏格（Kindleberger）指导下所完成的博士论文《The International operations of National Firms：A Study of Direct Foreign Investment》，在此之后，形成了许多理论分支，归纳起来，主要有垄断优势理论、产品生命周期理论、内部化理论、交易成本理论、折衷理论、国际化过程理论以及资源基础理论。

### 3.2.1　垄断优势理论

垄断优势理论（Monopolistic Advantage Theory）又称所有权优势理论或公司特有优势理论，是最早研究对外直接投资的独立理论，是由对外直接投资理论的先驱，美国麻省理工学院教授海默（Stephan Hymer）于 1960 年在他的博士论文中首先提出的，由麻省理工学院 C·P·金德伯格在 20 世纪 70 年代对海默提出的垄断优势进行的补充和发展。海默认为跨国公司进行直接投资的动机源自市场缺陷。首先，不同国家的企业常常彼此竞争，但市场缺陷意味着有些公司居于垄断或寡占地位，因此，这些公司有可能通过同时拥有并控制多家企业而谋利；其次，在同一产业中，不同企业的经营能力各不相同，当企业拥有生产某种产品优势时，就自然会想方设法将其发挥到极致。这两方面都说明跨国公司和直接投资出现的

可能性。海默还进一步指出，从消除东道国市场障碍的角度看，跨
国公司的优势有一种补偿的作用，亦即它们起码足以抵消东道国当
地企业的优势。海默的导师金德伯格对此作了进一步引申，列出了
各种可能的补偿优势，如商标、营销技巧、专利技术和专有技
术、融资渠道、管理技能、规模经济等。垄断优势理论在进入模
式选择上把对外投资区分为直接投资和间接投资，并解释了垄断
优势和不同进入模式（许可经营、合资企业、全资分支机构等）
之间的相关性。

　　垄断优势论从理论上开创了以国际直接投资为对象的新研究领
域，使国际直接投资的理论研究开始成为独立学科。这一理论既解
释了跨国公司为了在更大范围内发挥垄断优势而进行横向投资，也
解释了跨国公司为了维护垄断地位而将部分工序，尤其劳动密集型
工序，转移到国外生产的纵向投资，可以成功解释 20 世纪 60 年代
美国企业对西欧的大规模投资活动。因而对跨国公司对外直接投资
理论发展产生很大影响。该理论的最大贡献在于将研究从流通领域
转入生产领域，摆脱了新古典贸易和金融理论的思想束缚，为后来
者的研究开辟了广阔的天地。但该理论也存在一定的局限性：首
先，它适用于最终产品，但未顾及中间品与中间投入，未能考虑中
间产品获得需求在进入模式选择上的影响；其次，它以美国制造业
跨国公司为研究对象，主要针对寡头垄断行业或垄断竞争行业，强
调这些行业中企业的垄断优势对海外经营与进入模式选择的决定性
作用，无法解释不具有技术等垄断优势的发展中国家为什么也日益
增多地向发达国家进行直接投资。

## 3.2.2　产品生命周期理论

　　1966 年，美国经济学家雷蒙德·弗农（Raymand Vernon）在
《产品周期中的国际投资与国际贸易》一文中，提出了用产品生命
周期假说解释工业制成品贸易流向的产品生命周期理论。后经威尔
斯（L. T. Wells）等人不断给予发展和完善。

产品生命周期是指产品的市场寿命，即一种新产品从开始进入市场到被市场淘汰的整个过程。弗农认为：产品生命是指市场上的营销生命，产品和人的生命一样，要经历形成、成长、成熟、衰退这样的周期。就产品而言，也就是要经历一个开发、引进、成长、成熟、衰退的阶段。而这个周期在不同技术水平的国家里，发生的时间和过程是不一样的，其间存在一个较大的差距和时差，正是这一时差，表现为不同国家在技术上的差距，它反映了同一产品在不同国家市场上的竞争地位的差异，从而决定了国际贸易和国际投资的变化。

典型的产品生命周期一般可以分成四个阶段，即介绍（引入）期、成长期、成熟期和衰退期。

**1. 第一阶段：介绍（引入）期**

介绍期指产品从设计投产直到投入市场进入测试阶段。新产品投入市场，便进入了介绍期。此时产品品种少，顾客对产品还不了解，除少数追求新奇的顾客外，几乎无人实际购买该产品。生产者为了扩大销路，不得不投入大量的促销费用，对产品进行宣传推广。该阶段由于生产技术方面的限制，产品生产批量小，制造成本高，广告费用大，产品销售价格偏高，销售量极为有限，企业通常不能获利，反而可能亏损。

**2. 第二阶段：成长期**

当产品进入引入期，销售取得成功之后，便进入了成长期。成长期是指产品通过试销效果良好，购买者逐渐接受该产品，产品在市场上站住脚并且打开了销路。这是需求增长阶段，需求量和销售额迅速上升。生产成本大幅度下降，利润迅速增长。与此同时，竞争者看到有利可图，将纷纷进入市场参与竞争，使同类产品供给量增加，价格随之下降，企业利润增长速度逐步减慢，最后达到生命周期利润的最高点。

**3. 第三阶段：成熟期**

成熟期指产品走入大批量生产并稳定地进入市场销售，经过成长期之后，随着购买产品的人数增多，市场需求趋于饱和。此时，产品普及并趋标准化，成本低而产量大。销售增长速度缓慢直至转而下降，由于竞争的加剧，导致同类产品生产企业之间不得不在产品质量、花色、规格、包装服务等方面加大投入，在一定程度上增加了成本。

**4. 第四阶段：衰退期**

衰退期是指产品进入了淘汰阶段。随着科技的发展及消费习惯的改变等原因，产品的销售量和利润持续下降，产品在市场上已经老化，不能适应市场需求，市场上已经有其他性能更好、价格更低的新产品，足以满足消费者的需求。此时成本较高的企业就会由于无利可图而陆续停止生产，该类产品的生命周期也就陆续结束，以至于最后完全撤出市场。

产品生命周期理论很好地解释了跨国公司海外进入模式的变化，即在母国生产并出口——转移到发达国家投资生产，母国减少生产和出口——转移到发展中国家和地区生产，母国停止生产，改为从海外进口。即便如此，该理论也存在着很多的局限：首先，该理论是弗农（Vernon）等针对 20 世纪 60 年代美国向西欧的对外直接投资提出的，其中的一些基本假定，如大多数新产品都是由美国开发出来的，虽然在当时美国占据世界经济主导地位的情境下还是成立的，但随着世界经济的多元化与一体化发展逐渐显得不合时宜。因为越来越多的新产品可能是在别国率先开发或由多国同时开发，产品生产可能是在全球范围内要素成本和劳动技能综合起来最有利的多个地方进行，营销也在多个市场同步开始，这些变化都是生命周期理论无法解释的。其次，对于企业竞争优势来源与进入模式转变的解释过于简单。弗农研究的企业被认为具有某种技术方面的垄断优势，因而出口模式是其在具有这种优势时的默认最佳方式，对外直接投资只是由于技术优势随着竞争条件发生变化后企业采取的防御性行为。但实际上，跨国公司可以选择在销售与制造上选择多种进入模式，如把技术或品牌许可给国外制造商，就可以避

开生命周期的影响；另一方面，发展中国家的中小企业也可以通过
定位于某一领域内的专业化策略弥补在出口竞争中规模经济上的劣
势，而并非要等到产品标准化，发达国家技术优势下降之后才有能
力参与国际竞争。

### 3.2.3　内部化理论

20 世纪 70 年代中期，以英国学者巴克利（Peter. J. Buckley）、
卡森（Mark Casson）与加拿大学者拉格曼（A. M. Rugman）为主要
代表人物的西方学者，以发达国家跨国公司（不含日本）为研究对
象，沿用了美国学者科斯（R. H. Coase）的新厂商理论和市场不完
全的基本假定，在《The Future of Multinational Enterprise》（跨国公
司的未来）一书中提出了跨国公司的一般理论——内部化理论。

内部化理论认为：由于市场的不完全，若将企业所拥有的科技
和营销知识等中间产品通过外部市场来组织交易，则难以保证厂商
实现利润最大化目标；若企业建立内部市场，可利用企业管理手段
协调企业内部资源的配置，避免市场不完全对企业经营效率的影
响。企业对外直接投资的实质是基于所有权之上的企业管理与控制
权的扩张，而不在于资本的转移。其结果是用企业内部的管理机制
代替外部市场机制，以便降低交易成本，拥有跨国经营的内部化优
势。内部化理论的基本假设为：（1）企业在不完全市场竞争中从事
生产经营活动的目的是追求利润最大化；（2）中间产品市场的不完
全，使企业通过对外直接投资，在组织内部创造市场，以克服外部
市场的缺陷；（3）跨国公司是跨越国界的市场内部化过程的产物。
基于上述假设，企业是市场的一种替代治理方式，由于机会主义的
存在及中间产品自身的特性，中间产品在市场上难以进行正常交
易，会带来高昂的交易成本，此时企业就会选择通过内部化来取代
外部市场，如通过对外直接投资设立海外子公司，把中间产品的国
际市场交易纳入企业内部进行，这也对企业在跨国经营中的纵向一
体化提供了很好的解释，因为纵向一体化事实上就是交易内部化，

因此，在进入模式选择上，企业也是根据市场不完善的程度考虑是否需要获得或利用内部化优势，在直接投资和其他模式之间做出选择。

内部化理论是西方学者跨国公司理论研究的一个重要转折，能解释大部分对外直接投资的动因。而其他国际直接投资理论仅从产品或生产要素等某个侧面来分析跨国公司对外直接投资的原因，因此内部化理论不同程度地包含了其他理论。当然，内部化理论不是全能理论，依然有着自身的缺陷：首先，内部化理论的成本最小化目标是有局限性的，因为这排除了为了增强企业能力而进入海外市场这种情况；其次，东道国的竞争被简单假定为一家技术落后的垄断企业，并且对待进入者的态度也不积极，这种假设并不符合当今市场竞争的动态本质。

## 3.2.4　交易成本理论

交易成本理论是英国经济学家罗纳德·哈里·科斯（R. H. Coase）1937 年在其重要论文《论企业的性质》中提出来的。它的基本思路是：围绕交易费用节约这一中心，把交易作为分析单位，找出区分不同交易的特征因素，然后分析什么样的交易应该用什么样的体制组织来协调。科斯认为，交易成本是获得准确市场信息所需要的费用，以及谈判和经常性契约的费用。也就是说，交易成本由信息搜寻成本、谈判成本、缔约成本、监督履约情况的成本、可能发生的处理违约行为的成本所构成。达尔曼（Dahlman）则将交易活动的内容加以类别化处理，认为交易成本包含：搜寻信息的成本、协商与决策成本、契约成本、监督成本、执行成本与转换成本，表 3－1 说明了交易成本的种类及内涵。简而言之，所谓交易成本就是指"当交易行为发生时，随同产生的信息搜寻、条件谈判、交易实施等各项成本"。

| 表 3 - 1 | 交易成本的种类及内涵 |
|---|---|
| 交易成本种类 | 内涵 |
| 事前（exante）交易成本 | |
| 1. 搜寻信息的成本 | 欲交易者，寻找最适合的交易的对象，查询所能提供的服务与产品所需要支付的成本。 |
| 2. 协商与决策的成本 | 交易双方为达成交易所做之议价、协商、谈判并做出决策所产生的成本。由于交易双方的不信任及有限理性，常需耗费大量协商与谈判成本。 |
| 3. 契约成本 | 当交易双方达成协议准备进行交易时，通常会制定契约，并对契约内容进行磋商所产生的成本即为契约成本。 |
| 事后（expost）成本 | |
| 4. 监督成本 | 交易双方制定契约之后，为了预防对方由于投机主义（Opportunism）产生违背契约的行为，故在制定契约之后，会在执行过程中相互监督所产生的成本即为监督成本。 |
| 5. 执行成本 | 契约制定之后，交易双方相互进行必要的检验以确定对方确实遵守契约，当对方违背契约时，强制对方履行契交易成本种类内涵约所产生的成本，即为执行成本。 |
| 6. 转换成本 | 当交易双方完成交易之后，可能持续进行交易。此时若有一方更换交易对象，所产生的成本即为转换成本。 |

安德森和加蒂尼翁（Anderson and Gatignon）在 20 世纪 80 年代末把企业交易成本理论应用到对美国企业进入模式选择的分析之中。根据交易成本理论，企业在决定某种价值活动是"自己制造还是购买"时，必须综合考虑三个基本领域：交易的治理方式、机会主义行为的干扰程度和与交易相关的专用性资产投资水平。交易成本是交易专用性资产投资的函数；此外，还必须在交易专用性投资水平和机会主义威胁之间进行综合权衡，因为机会主义行为与特定交易专用性资产投资水平是直接相关的。因此，在交易形式上，当交易专用投资程度很高时，企业可以采用层级组织治理方式，虽然这样治理的费用很高，但却可以抵消投资的风险；当交易专用投资

程度一般时，中介治理方式就可以减少投机的威胁，同时也可以避免采用层级组织治理方式的高额费用；当交易专用投资程度很低时，交易各方的投机倾向极小，企业可以选择费用最低的市场治理方式。与不同的交易形式对应的即不同控制程度的进入模式，安德森和加蒂尼翁把独资模式、多数股权的合资模式视为高控制模式，而把许可经营和少数股权的合资模式视为低控制模式。后来，安德森和加蒂尼翁把出口模式也加入这种排列，把通过销售分支机构的出口视为高控制模式，而把通过东道国中介的出口视为低控制模式。

交易成本理论很好地解释了跨国公司倾向于采取垂直一体化的组织方式和进行海外直接投资的原因：降低交易成本。但是，与内部化理论一样，其交易成本最小化的目标是有局限性的，而且由于交易成本很难直接度量，因此其实证检验还需要进一步的完善。

## 3.2.5　折衷理论

国际生产折衷理论又称"国际生产综合理论"，是由英国瑞丁大学教授邓宁（John H·Dunning）于 1977 年在《贸易、经济活动的区位和跨国企业：折衷理论方法探索》中提出的。1981 年，他在《国际生产和跨国企业》一书中对折衷理论又进行了进一步的阐述。折衷理论的核心是所有权特定优势、内部化特定优势和区位特定优势。

所有权特定优势包括两个方面：一是由于独占无形资产所产生的优势；二是企业规模经济所产生的优势。内部化特定优势，是指跨国公司运用所有权特定优势，以节约或消除交易成本的能力，内部化的根源在于外部市场失效。邓宁把市场失效分为结构性市场失效和交易性失效两类，结构性市场失效是指由于东道国贸易壁垒所引起的市场失效，交易性市场失效是指由于交易渠道不畅或有关信息不易获得而导致的市场失效。区位特定优势是东道国拥有的优势，企业只能适应和利用这项优势。它包括两个方面：一是东道国不可移动的要素禀赋所产生的优势，如自然资源丰富、地理位置方便等；二是东道国的政治经济制度，政策法规灵活等形成的有利条件和良好的基础设施等。企业必须同时兼备所有权优势、内部化优势和区位优势才能从事有利的海外直接投资活动。如果企业仅有所有权优势和内部化优势，而不具备区位优势，这就意味着缺乏有利的海外投资场所，因此企业只能将有关优势在国内加以利用，而后依靠产品出口来供应当地市场。如果企业只有所有权优势和区位优势，则说明企业拥有的所有权优势难以在内部利用，只能将其转让给外国企业。如果企业具备了内部化优势和区位优势而无所有权优势，则意味着企业缺乏对外直接投资的基本前提，海外扩张无法成功。

折衷理论的分析过程与主要结论可以归纳为以下四个方面：一是跨国公司是市场不完全性的产物，市场不完全导致跨国公司拥有所有权特定优势，该优势是对外直接投资的必要条件。二是所有权优势还不足以说明企业对外直接投资的动因，还必须引入内部化优势才能说明对外直接投资为什么优于许可证贸易。三是仅仅考虑所有权优势和内部化优势仍不足以说明企业为什么把生产地点设在国外而不是在国内生产并出口产品，必须引入区位优势，才能说明企业在对外直接投资和出口之间的选择。四是企业拥有的所有权优势、内部化优势和区位优势，决定了企业对外直接投资的动因和条件。

国际生产折衷理论克服了传统的对外投资理论只注重资本流动方面的研究不足，他将直接投资、国际贸易、区位选择等综合起来加以考虑，既肯定了绝对优势对国际直接投资的作用，也强调了诱发国际直接投资的相对优势，在一定程度上弥补了发展中国家在对外直接投资理论上的不足，使国际投资研究向比较全面和综合的方向发展。但是，当该理论应用到具体的行业和企业，其局限性就暴露无遗，比如引入了较多的解释要素带来了交叉现象，各个要素之间相互作用难以分析和解释也给实证研究带来困难；此外，该理论

也没有将直接投资这种进入模式进行细分，无法对直接投资模式中
的建立合资企业和独资经营两种方式之间的选择进行解释。

## 3.2.6　国际化过程理论

前述的各种进入模式选择理论从本质上说是静态的，而国际化
过程理论则是建立在一种动态视角之上，将企业进入国际市场看作
动态的过程。国际化过程理论是由约翰森和魏德·保罗（Johanson
and Weidersheim Paul）对四家瑞典企业进行案例研究后提出的。该
理论引入了心理距离和市场知识这两个概念，解释了企业进入国际
市场的模式随时间发生的变化。认为，心理距离影响了目标市场选
择，而市场知识则影响着企业的资源承诺模式。企业随着市场知识
的增加而提高资源承诺水平，市场知识又包含了客观知识与经验知
识，经验知识以管理者个人和企业的国际化经验为基础，相对于可
以传授的客观知识更加关键。同时，在市场选择上，企业也从心理
距离较近的国家和地区逐渐向心理距离较远的国家和地区发展。市
场知识就是促进这个过程的催化剂。

此外，企业的国际化也表现为一种链式的建立活动：偶尔的间
接出口—通过独立代理商的直接出口—建立海外销售分支机构—建
立海外生产/制造单位；进入 21 世纪后，约翰森和瓦尔内（Johan-
son and Wahlne）又把关系网络引入国际化过程模型，认为企业可
以进入一个能够培养新关系的市场，并以此为平台进入其他市场。
此外，鲁特（Root）为该理论加入了许可经营和合资企业等进入模
式，弥补了最初模型中进入模式过于简单这一不足。与折衷理论强
调进入模式选择依赖于企业已有的各种优势（及如何利用）不同，
国际化过程理论强调企业经验知识的增长，以及这种经验从已成功
的路径向新进入市场的转移，反映了企业能力培养对国际化的重要
性。但该理论也存在一些局限性：该理论把国际化过程解释为一种
既定的路径，对于企业进入模式的变化及选择该理论也仅仅用经验
知识及其增长来解释，这些都显得过于简单与绝对，并且在影响因

素的解释范围上与英美学者主导的折衷理论相比也非常有限。

### 3.2.7　资源基础理论

1984 年沃纳菲尔特（Wernerfelt）的《企业的资源基础论》的发表意味着资源基础理论的诞生。资源论的假设是：企业具有不同的有形和无形的资源，这些资源可转变成独特的能力；资源在企业间是不可流动的且难以复制；这些独特的资源与能力是企业持久竞争优势的源泉。

该理论主要包括以下三方面的内容：

**1. 企业竞争优势的源泉：特殊的异质资源**

资源基础理论认为，各种资源具有多种用途，其中又以货币资金为最。企业的经营决策就是指定各种资源的特定用途，且决策一旦实施就不可还原。因此，在任何一个时点上，企业都会拥有基于先前资源配置基础上进行决策后带来的资源储备，这种资源储备将限制、影响企业下一步的决策。资源基础理论认为企业在资源方面的差异是企业获利能力不同的重要原因，也是拥有优势资源的企业能够获取经济租金的原因。作为竞争优势源泉的资源应当具备以下5 个条件：有价值，稀缺，不能完全被仿制，其他资源无法替代，以低于价值的价格为企业所取得。

**2. 竞争优势的持续性：资源的不可模仿性**

企业竞争优势根源于企业的特殊资源，这种特殊资源能够给企业带来经济租金。在经济利益的驱动下，没有获得经济租金的企业肯定会模仿优势企业，其结果则是企业趋同，租金消散。因此，企业要保持自身竞争优势的持续性，就要保证自身资源不可被模仿。

**3. 特殊资源的获取与管理**

资源基础理论为企业的长远发展指明了方向，即培育、获取能给企业带来竞争优势的特殊资源。由于资源基础理论还处于发展之中，企业决策总是面临着诸多不确定性和复杂性，资源基础理论不可能给企业提供一套获取特殊资源的具体操作方法，仅能提供一些方向性的建议。具体来说，企业可从以下几方面着手发展企业独特的优势资源：（1）组织学习。由于企业的知识和能力不是每一个员工知识和能力的简单加总，而是员工知识和能力的有机结合，通过有组织的学习不仅可以提高个人的知识和能力，而且可以促进个人知识和能力向组织的知识和能力转化，使知识和能力聚焦，产生更大的合力。（2）知识管理。知识只有被特定工作岗位上的人掌握才能发挥相应的作用，企业的知识最终只有通过员工的活动才能体现出来。因此，企业对知识微观活动过程进行管理，有助于企业获取特殊的资源，增强竞争优势。（3）建立外部网络。对于弱势企业来说，仅仅依靠自己的力量来发展他们需要的全部知识和能力是一件花费大、效果差的事情，通过建立战略联盟、知识联盟来学习优势企业的知识和技能则要便捷得多。

　　资源基础理论在进入模式选择中的应用的代表是麦多克（Madhok）。麦多克提出在进入模式选择研究中，应以企业而不是交易作为分析的单位，同时关注企业能力的利用与培养，对不同的进入模式应更多考虑其对资源能力的贡献，即对已有能力的有效转移及所缺乏能力的有效获取。在把资源能力引入进入模式选择的同时，麦多克也引入了层级失效的概念，传统的内部化/交易成本理论以市场失效与机会主义为基本假设，但认为中间产品在企业内部的转移是完美的，于是对企业纵向一体化做出了良好的解释。资源基础理论由于把企业作为分析单位，因而能发现即使是同一企业也会面临不同的情境，而这种情境特殊性和静默知识流动性的不完美造成了知识在企业内部的转移也并非完美，即层级失效，于是为解释企业巨型化引发的问题及控制价值链关键环节的倾向提供了很好的启发。

　　进入模式选择中的资源基础理论从本质上讲是战略管理理论的资源能力观与国际商务理论结合的产物，它使得进入模式选择从在传统的制度视角上比较企业与市场，或国外企业与本地企业的差异，转移到在企业视角上比较跨国企业与其全球竞争者的差异。这一转变符合当前全球竞争的现实背景，同时也因为企业的国际市场进入模式选择不是独立的决策而是企业可持续发展战略的重要组成部分，而显得更有必要。

## 3.3　跨国公司国际市场进入模式的类型

跨国公司进入国际市场的过程，就是将其所拥有的资源如资金、产品、设备、技术、品牌、人力资源、管理经验等转移到国外市场，以服务于企业的全球化经营战略。一般而言，国际市场进入方式主要可分为四大类：贸易式进入、契约式进入、投资式进入和跨国战略联盟。

### 3.3.1　贸易式进入

贸易式进入是指企业从事本国生产，然后向目标市场出口产品，是不同国家和地区的经济实体之间进行的跨越国界的商品交换活动。贸易式进入是跨国经营企业对国外市场进入程度最低的一种方式，又可分为直接出口和间接出口，两者的区别在于生产企业与国外市场是否直接挂钩。

间接出口是指通过中间商或代理人使企业的产品进入国际市场，其特点在于出口企业并不直接参与该产品的国际营销活动，属于所有市场进入方式中风险最低的一种方式。它既不要求新增投资，也不必承担出口风险。从本质上看，企业的间接出口只是扩大了企业的销售量，企业管理并不因此发生变化。因而其缺点也显而易见：企业无法获得国际化经营的经验，对产品进入国外市场的过程无法控制，也无法掌握市场第一手信息，容易受制于人。鉴于间接出口的特点，一般而言，中小生产企业限于经营实力和海外经验的不足，大多采用间接出口作为向海外市场发展的过渡方式。也有一些大的跨国公司通过间接出口的方式渗透某些次要的市场。

间接出口有若干具体的形式，包括通过外国公司驻本国的采购处和分公司销售；通过大型贸易公司出口或通过各种出口管理公司出口。出口代理通常以生产商的名义，代表生产商向目标国的中间商和用户推销，生产商对价格和营销方式都保有一定的控制权。对于资金和人力都不足的多数小企业来说，通过出口代理出口产品，相当于是为企业增加了一个出口部。而且，可以利用出口管理公司的现成渠道，迅速打开产品出口市场。

直接出口是指企业通过在国外建立销售组织与销售渠道，使其产品直接进入国际市场。直接出口与间接出口的根本区别在于生产厂商不同程度地直接参与出口产品的国际营销活动。出口企业往往设立出口部或国际部，与国外的代理商、零售商甚至开办专卖店与客户直接挂钩。主要的国际营销活动都由出口企业本身掌握。

直接出口的主要好处是企业可以有效地实施出口战略，可以部分或全部控制国际市场的经销渠道、产品定价、促销和售后服务等，有利于企业获得当地市场的信息反馈，直接获得海外市场的经营经验，培养国际经营人才。因此从一定意义上讲，这种方式是开拓、占领目标市场最快捷的方式。但同时，直接出口要求企业投入一定的资源，因而面临的风险也比间接出口大，而且这种方式通常要受到关税、许可证与配额以及技术壁垒等的制约，同时也需要市场需求能力、价格、技术质量等方面的优势。

总之，直接出口和间接出口的不同方式有各自的特点。它们在风险、成本、控制、受益等方面有不同的组合。一般而言，间接出口与直接出口相比，风险小，成本低，适合中小企业初期从事出口业务，但不利于企业向海外市场的进一步发展。直接出口虽然要求企业投入相应的资源，但也把经营的主动权掌握在自己的手中。从严格意义上讲，只有直接出口才是企业跨国经营的起点。

## 3.3.2　契约式进入

契约式进入是指在不涉及股权或企业产权的条件下，通过契约向国外企业转让一项或几项无形资产的方式，然后由技术出让企业向使用方收取相应的费用和报酬。这里所说的无形资产即指知识产权，包括工业产权和版权。工业产权主要有专利权、商标权、外观设计等。契约式进入有多种形式，主要包括：（1）许可证协议（Licensing Agreement）。许可证协议是协议当事人授方和被许可方关于让渡专利、技术、商标等权利义务的文件，协议签署后便具有法律效力。通常转让的不是无形资产的所有权，而是其使用权。与贸易方式相比，其优点在于绕过了市场壁垒，也克服了高运输费用给贸易带来的障碍；与直接投资方式相比，其优点在于政治风险相对较小。因而许可证协议是契约式进入方式的主要形式。（2）特许经营（Franchising）。特许经营是许可证协议的特殊形式，指企业（特许方）将商业制度及其他产权许可给独立的企业或个人。被特许方用特许方的名称经营业务，遵循特许方制定的规章和程序。也就是说，技术的供方不仅转让技术和商标，并且传授统一的经营的方法，包括为受方培训人员等。作为回报，特许方从被特许方处得到连续提成费和其他形式的经济补偿。其优点在于投资少，见效快；具有独特的市场形象，营销采用统一的标准；政治和文化风险小。缺点在于特许方的盈利有限；对被特许方缺乏全面的控制；有培养竞争对手的可能。（3）管理合同（Management Contracts）。管理合同给予公司管理国外目标市场企业日常经营的权力。在通常情况下，合同授权公司做出一系列安排，如新的投资、承担长期债务、更改所有权安排、红利分配等。20世纪90年代，管理合同的一种新形式——战略外包在跨国公司悄然兴起，主要包括OEM（Original Equipment Manufacturing）生产外包和ODM（Own Designing Manufacturing）设计外包。（4）交钥匙合同（Turnkey Contracts）。交钥匙合同是20世纪30年代美国大型设备制造商（Capital Goods Produces）为了推销产品而发明的一种经营模式。通常指发展中国家输入技术时，无力单独完成建厂任务，而与设备供方订立的合同。一般由供方负责项目的全过程，包括从可行性研究到设计方案，再从采购设备、建厂施工到试车运转和正式投产。

　　总而言之，契约式进入方式的优点在于：经营风险小；促进企业出口；费用低；克服东道国对进口和外国直接投资的限制。缺点是：控制力量弱；并且会培养出潜在的竞争对手。

### 3.3.3　投资式进入

　　投资式进入是指跨国公司通过对外直接投资在国外市场建立生产性子公司的国外市场进入方式。它有两种具体方式：一是新建投资（Greenfield Investment），或称绿地投资，是指跨国企业在东道国建立新的企业，在当地从事生产经营活动，并在当地销售其产品。二是跨国并购（Cross-border Mergers and Acquisitions），是企业进行国内并购的延伸，是跨越国界的兼并与收购活动。兼并与收购具有不同的操作机制和结果。跨国兼并是指在跨国公司和东道国企业的资产和业务合并以后，建立起一家新的企业或者合并成为一家现有的企业；跨国收购是指跨国公司收购一家现有的东道国企业或外国子公司的一部分控股股份（一般为 10% 以上的股权）。按照并购企业间的产业联系特征，可将跨国并购分为横向并购、纵向并购和混合并购。

　　1. 横向并购，也称水平并购，是指两个或两个以上的国家生产相同或相似产品的企业之间的并购。这种跨国并购的动机通常是利用公司的无形资产，取得协同经济效应，扩大世界市场的份额或增加企业在国际市场上垄断或寡占实力，形成规模经济并降低内部化交易成本，进而获得垄断经营利润。由于横向跨国并购通常发生在同一个行业，并购企业双方容易整合且成功率较高，因而它是跨国并购常用的形式。但是这种并购（尤其是大型跨国公司的并购）容易限制竞争，形成垄断局面，许多国家政府对这种并购往往非常警惕，并采取规制措施限制这类并购的进行。

　　2. 纵向并购，也称垂直并购，是指两个以上国家处于生产同一或相似产品但又处于不同生产阶段的企业之间的并购。这种跨国并购的动机是内部化中间产品市场，保证原材料供应和产品销售市场，从而降低资产专用性导致的不确定性风险成本。由于纵向并购一般发生在原材料供应者，最终产品生产者和销售者之间，彼此的经营状况比较熟悉，因而并购成功率较高。

3. 混合并购，是指两个以上国家不同行业的企业之间的并购。这种并购方式的兴起与跨国公司全球化战略和多元化经营战略紧密联系在一起。一般来说，混合跨国并购是为了实现企业的多角化经营，降低单一行业经营的风险，增强企业在世界市场上的整体竞争能力。但是，这种并购涉及不同行业之间的并购，存在信息不对称和并购整合成本较高的问题，往往会导致跨国并购的失败。

绿地投资与跨国并购两种投资模式在以下几方面存在差异：

（1）投资回收期的差异。绿地投资建设周期长，进入目标市场相对缓慢，从而使投资回收期相应延长，这一点在投资某些市场供求价格波动幅度巨大且频繁的产品时表现尤为明显；而并购投资可以利用被收购企业原有的销售渠道与客户资源，迅速进入市场，而且由于并购基本不涉及当地市场的重新分配问题，进入阻力较小，投资回收期较短，风险较小。

（2）对资产存量和结构调整的影响差异。在其他条件（动机和能力）不变的情况下，绿地投资不仅可带来一揽子资源的财产，同时还可创造增加的生产能力和就业，但不能使存量资产结构得到优化重整；跨国并购在短期内可能只是企业所有权的转移，不会使生产能力立即增加。而且某些类型的跨国并购在进入时涉及诸多风险，包括减少就业、剥离资产，直到降低国内技术能力的提升速度。不过这类投资往往伴随对技术和人力资本的投资，倘若项目运转顺利，可能会产生较大数额的后续投资，能盘活现有某些存量资产，缓解东道国的国内结构性矛盾。

（3）投资者风险控制主动性的差异。绿地投资者一般直接参与新项目运作，能在较大程度上把握其风险性；并购投资存在着对被并购企业真实情况评估欠充分的风险和并购后的企业内部协调发展的不确定性，因而往往使得投资者在控制风险时处于被动地位。

无论是新建还是收购，从股权结构上看，又可分为独资和合资企业。（1）独资企业形式。跨国公司依照东道国的法律，在东道国境内设立的全部资本由投资者投入并单独经营的企业。独资经营的标准不一定是 100% 的公司所有权，主要是拥有完全的管理权和控制权，一般只需拥有 90% 以上的产权即可。具有高投入、高控制能力、高风险三大特征。有关独资经营的优缺点见表 3 - 2。（2）合资企业形式。是指两个或两个以上的企业共同出资组成新的企业，从而进入新市场、开拓新业务。其特点是共同经营、共同管理，按股权比例承担风险和盈亏。它有两种形式：股权式合资企业和契约式合资企业。前者是合资经营企业，后者又称合作经营企业。合作经营企业各投资方的股权比例不以货币作价，以合同中达成的协议为准，各方的权利、义务和责任以契约的方式确定。关于合资经营的优缺点见表 3 - 3。

表 3 - 2　　　　　　　　独资经营的优缺点

| | 优点 | 缺点 |
|---|---|---|
| 1 | 企业可以完全自主控制整个企业的生产、销售和管理 | 投入资金过多，风险较大 |
| 2 | 在财务上拥有完全的自主权，收益完全归己支配 | 在某些领域特别是在涉及国家安全的行业，可能会遇到政府较多的限制，如限制进入、产品所占比例 |
| 3 | 可根据当地市场特点调整营销策略，创造营销优势 | 需要自己建立销售网络，所需周期较长 |
| 4 | 可以同当地发生直接联系，争取他们的支持与合作 | 可能遇到较大政治与经济风险，如货币贬值、外汇管制、政府没收等 |
| 5 | 可降低在目标国家的产品成本，降低产品价格，增加利润 | |

表 3 – 3　　　　　　　　　合资经营的优缺点

|  | 优点 | 缺点 |
|---|---|---|
| 1 | 减少资本投入。对资金有限的中小企业更有帮助 | 控制问题。在不拥有大股的情况下，对合资企业的控制有一定障碍 |
| 2 | 减少风险。能够利用双方的优势有效降低风险 | 文化冲突。合资企业潜在风险是因合资双方文化的差异导致的摩擦 |
| 3 | 产生综合效果。在双方充分发挥潜力的情况下，有 1 + 1 大于 2 的效果 | 战略矛盾。"蜜月期"过后，由于双方战略发展的不义而引起的冲突 |
| 4 | 企业控制与管理。可使母公司通过对所有权的控制来控制企业 |  |

### 3.3.4　跨国战略联盟

　　跨国战略联盟又称公司间协议或国际战略联盟，是指两个或两个以上的跨国公司为实现某一或若干战略目标，以签订长期或短期契约为形式而建立的局部性互相协作、彼此互补的合伙、合作联合关系，其主要目的就是"通过外部合伙关系而非内部增值来提高企业的经营价值"。战略联盟概念是由美国 DEC 公司总裁简·霍普兰德和管理学家罗杰·奈格尔首先提出的。战略联盟由于具有强大的竞争优势，迅速在全球推广和发展。其形态也是多种多样。（1）根据联盟成员企业之间参与程度的不同，可将其划分为股权式战略联盟和契约式战略联盟。（2）根据战略联盟目标取向的不同，可将其划分为产品战略联盟和知识联盟。（3）根据联盟成员主体地位的不同，可将其划分为接受型战略联盟和互补型战略联盟。（4）根据联盟发展战略的不同，可划分为研究开发型短期战略联盟、特定生产或技术领域的项目型短期战略联盟、全面合作型的长期战略联盟。（5）根据阶段性的不同，可划分为品牌联盟、分销渠道联盟、价格联盟、供应链联盟。（6）按照联盟企业的产业合作方向的不同，可分为横向战略联盟、纵向战略联盟、混合型战略联盟。

## 3.4　影响跨国公司国际市场进入模式的因素分析

对具体的某企业而言，所处行业不同、产品不同、面临的环境也不同，其对国际市场进入模式的选择决策是综合考虑了各种影响因素后得出的结果。关于进入模式影响因素已经有了大量的实证研究，这些研究认为影响进入模式决策的要素主要分为东道国相关变量、母国相关变量、企业相关变量、产业相关变量、战略变量等。本书拟从外部影响因素和内部影响因素两个层面对这些变量进行细分，力求客观全面地解释分析影响跨国公司国际市场进入模式的诸多因素。

### 3.4.1　外部影响因素

**1. 目标国经济环境**

一个有着较高经济绩效的目标国市场更能吸引国外投资。第一，如果目标国的经济规模大（以国民生产总值或人均国民生产总值来衡量），公司产品在该国的市场规模也可能会大，因此跨国公司可以考虑对该国市场进行更大的投入。第二，如果目标国的经济发展很有活力（以国民生产总值和人均收入的增长率，投资增长率等来衡量），那么即使该国的市场还没有成熟，跨国公司也愿意承担较高程度的资源承诺，以争取市场渗透，获得长期盈利，以避免由于延迟进入而带来的机会成本。第三，高收入水平的经济体代表稳定的经济现状与较高的市场潜力，目标国人均收入水平越高，跨国公司越倾向于采取高资源承诺的方式。第四，在经济的开放性方面，东道国对外国直接投资的开放度越高，越能够改善新进入者的境遇，便于推动市场运营，使新进入者倾向于较高的资源承诺。

## 2. 目标国市场环境

主要是指目标国家（或地区）现实和潜在的市场容量、市场竞争结构等。一般情况下，市场容量小，适合进入成本比较低、风险比较小的方式，如间接出口、代理出口、授权经营或其他契约型进入模式；反之市场容量大，应选择进入成本比较高、风险控制度比较高的方式，如：设立分公司或子公司、当地装配或当地生产等国际化进入模式。

市场结构按竞争程度分为竞争市场、寡头垄断市场和完全垄断市场三大类。在一个竞争性市场中，新进入者可能采用低资源承诺的进入方式。这是因为当一个市场竞争程度较高时，通常其利润较低，因此企业不会采用需要较多资源投入的进入模式。交易成本理论也认为在一个竞争市场中，企业倾向于采用分享控制权的进入模式。也就是说，一个竞争性市场常常吸引国外进入者采用出口和特许经营进入，而寡头垄断市场和完全垄断市场则促使新进入者采用单一所有权的进入模式以使该企业能够和目标市场上占主导地位的企业进行充分的竞争。

## 3. 目标国政治因素

政治因素主要指国家或地区的政局、对外资的态度以及相应的政治风险。如果目标国的政策规定不鼓励对外经济交往，例如设置进口配额、订立高关税、甚至不允许进口某些产品或外商在该国投资，那么，公司的进入模式的选择就大受限制。另外，如果目标国的政治或政策不稳定，那么公司对于采用资源承诺程度高的进入模式就会采取谨慎的态度，而倾向于较安全的出口模式。

## 4. 目标国社会文化因素

跨国公司所在国和目标国在语言、价值观、生活和做事方式等方面的差异，会导致跨国公司选择不同的进入模式。如果社会文化差异很大，跨国公司转移企业自身能力到目标国非常困难，公司很难预测在目标国采取何种经营行为才算恰当，在不熟悉的环境里需要很高的学习成本，结果，跨国公司可能更喜欢以出口或合作的进入模式来接触合作方的能力和文化知识，而不是全资拥有分支机构。

**5. 目标国法律因素**

法律因素指法律体系的完善程度和涉外商务相关的政策法规状况，以及对外国企业的法律态度，如是否给予外国企业国民待遇等。限制进口的法律法规（如高关税、配额、非关税壁垒等）对出口方式不利，限制外资的法律法规对直接投资方式不利。而给予外国企业国民待遇以及其他优惠政策，有利于直接投资。从总的变动趋势看，全球有关国际投资和贸易的政策法律环境越来越宽松。

**6. 地理距离**

地理距离是国际商务领域引力模型理论的重要变量，它会显著影响国际贸易和国际直接投资的流量。母国与东道国地理距离越远，双方的心理、文化和语言距离会越大，导致投资管理和控制的成本升高，投资风险加大，进而阻碍了投资的资源承诺水平，此外，东道国的地理位置还会通过关税及非关税壁垒、交通运输成本等因素，间接影响企业对东道国的对外直接投资决策。

### 3.4.2　内部影响因素

内部因素是指当前企业所处的战略状态，包括产品因素、资源因素及企业的国际化经验，它反映了企业的竞争优势所在。与外部因素不同的是企业可以控制内部因素的变化，同时公司战略对进入模式选择有着重要影响。

**1. 跨国公司自身资源**

跨国公司资源因素包括企业在管理、资本、技术、工艺和营销方面的资源及管理者投入决策等。企业的资源有的是有形的，有的是无形的。有形的资源是可见的、能量化的资产，无形的资源是指那些植根于企业的历史、长期积累下来的资产。见表 3 - 4。

表 3 - 4　　　　　　　　　　　企业资源构成情况

| 有形资源 | | 无形资源 | |
|---|---|---|---|
| 财务资源 | 企业的借贷能力<br>企业生产内部资金的能力 | 人力资源 | 知识、信誉、管理能力、组织惯例等 |
| 组织资源 | 企业的报告、计划、控制和协调系统 | 创新资源 | 创意、科技能力、创新能力等 |
| 实物资源 | 企业的厂房、设备及先进程度 | 声誉资源 | 客户声誉：品牌、质量、产品可靠性等<br>供应商声誉：有效性、支持性、共赢关系 |
| 技术资源 | 企业获取原材料的能力<br>技术含量，如专利、商标、版权等 | | |

　　如果公司的规模大，资源充足，跨国公司愿意并能够为进入外国市场付出较多资源，能够承受由此产生的风险，跨国公司就可以采用资源承诺度高的进入模式。当然，是否国际化还取决于管理高层的投入意愿。进取型企业常常趋向于投资型进入方式，而稳健型企业会采用渐进式的进入方式。有国际化成功经验的企业会加大投入，反之则可能使管理层在开拓海外市场时有所退缩。

　　如果公司缺乏一定的资源，就会寻求合资企业的模式，以获得必要的资源，或者采用许可经营等不需要太多资源投入的形式。企业所拥有的管理知识、资本、技术、生产技巧和营销技巧等资源越多，企业可以选择的进入模式也越多。相反，企业所拥有的资源越少，可供选择的进入模式也少，并且通常会选择资源承诺度低的进入模式。

**2. 跨国公司所处的行业**

　　处于不同行业的公司也有不同的选择倾向。最典型的是服务业。由于服务业提供的不是有形产品，处于服务业的公司就很难采取出口的进入模式，它考虑的方式也与其他行业有明显的区别。另外，如果公司处于技术密集型的行业时，公司会要求更强的控制权。

### 3. 产品因素

产品的差异化。具有差异化竞争优势的产品比差异化竞争优势不明显的产品更容易选择贸易型进入方式，否则会因出口运输成本的增加，在目标国家或地区市场上失去竞争力，而与目标市场产品比较无明显差异化竞争优势的产品宜采取生产进入方式。如果都用直接投资的方式进入，则差异化大的产品偏重于独资，如医疗，而差异化小的产品宜偏重于合资形式，如汽车制造、电子消费品等。

产品的技术含量。一般情况下，对技术含量高的产品，跨国公司更倾向于资源承诺度高的进入模式。特别是高技术产品，多采用直接投资方式或许可证方式，这样便于获取垄断利润，保持垄断优势。

产品的要素密集度。劳动密集型和资源密集型产品主要以具有丰富的廉价劳动力和自然资源丰富的国家或地区为进入目标，偏向采用直接投资模式进入，而资本密集型产品主要以发达国家或地区为目标，偏向跨国并购的进入模式。

产品的市场地位。企业的主线产品、核心技术在进入国际市场时，大多采取投资式且以独资为主；而非主线产品、边缘技术则通常采用非投资式进入方式。

售后服务水平。有些产品对售后服务有较高要求，因而要求缩短产品与顾客的距离，以便提供及时和高质量的售后服务，这类企业更倾向于采取直接投资的方式进入市场。

### 4. 跨国公司投资经验

前期投资经验对跨国公司的进入模式选择具有很重要的影响。进行跨国运营是企业获取进入模式决策经验的重要途径，企业可以通过在多个国家的直接投资活动积累跨国运营的经验。多数实证研究表明，随着企业国际化经验的积累，企业倾向于控制程度高的进入模式如全资子公司；当公司国际经营的经验不足时，公司会希望减少风险，也就倾向于使用资源承诺低的进入模式，例如出口或许可经营等。

此外，针对某种进入模式的特定经验也会影响企业的进入模式选择，也就是说，企业前期的进入模式经验会影响到后续的进入模式选择，呈现出一种追随效应。

**5. 跨国公司战略因素**

战略因素主要是指企业在选择进入模式时要从总体战略目标出发，平衡企业在单个国外市场的单独目标和企业在去全球市场的整体目标。因此，企业选择某一种进入模式并不是因为其进入成本低，而是因为其对提高竞争能力有利。跨国公司经常面临的是有限的几个竞争对手在全球的许多不同国家或地区的竞争，在这种竞争条件下，公司在考虑进入模式时要求控制权高的模式以确保在某国的投资决策不会对该公司在其他国家的市场有负面影响。

## 3.5  小    结

本章在分析了跨国公司海外市场形成的基础之上，分别从垄断优势理论、产品生命周期理论、内部化理论、交易成本理论、折衷理论、国际化过程理论、资源基础理论阐释了支撑跨国公司国际市场进入模式的理论，并将跨国公司国际市场进入模式分为贸易式进入、契约式进入、投资式进入和跨国战略联盟五大类。认为跨国公司国际市场进入模式的选择还是会受到目标国经济环境、市场环境、政治因素、社会文化因素、法律因素、地理距离外部因素的影响，以及跨国公司自身资源、所处行业、投资经验、战略因素以及所生产产品内部因素的影响。

# 第4章

# 反倾销壁垒下跨国公司
# 进入模式文献综述

反倾销是 GATT/WTO 所认可的用于维护国际贸易秩序规范、保护本国产业免受不合理侵犯和对付不公平竞争的合法而有效的措施。但是，随着关税减让和传统的非关税措施的取消，反倾销越来越多地被各国作为贸易保护主义的工具来使用，而且近年来有愈演愈烈之势。与此同时，"以世界为工厂"、"以各国为车间"的全球化企业经营格局，已成为一股势不可当的潮流。如何选择最佳模式进入海外市场成为跨国公司全球战略中关键性的第一步。跨国公司进入模式大致可分为出口贸易、对外直接投资、契约式进入、跨国联盟等多种。本章通过对已有文献的解读和梳理，发现关于反倾销壁垒下跨国公司进入模式选择的文献研究中，大都集中在出口和对外直接投资两种模式的选择上，现拟对国内国外有关这方面的研究成果和最新发展动向进行综合评述：在反倾销壁垒下跨国公司如何选择进入模式进行规避；跨国公司既有的进入模式如何影响东道国的反倾销壁垒政策。

## 4.1 反倾销壁垒下跨国公司进入模式的选择

当受到进口国包括反倾销壁垒在内的贸易保护壁垒限制时，出口国企业为了绕过这些壁垒，可能会在很大程度上选择对外直接投资的模式来替换原有的出口模式。有关这一现象，理论界从不同的角度、不同的层面、采用了不同的方法对其进行了广泛而深入的研究。

### 4.1.1　国外文献—理论分析

反倾销壁垒是贸易壁垒的一种，为了绕过关税壁垒以便克服贸易障碍对资本效率的抵消作用而进行投资，称为关税引致的投资，蒙代尔（Mundell）最早研究了这种情形。他利用两个国家、两个产品和两种生产要素的标准贸易模型进行分析，结果认为，贸易障碍在一定条件下会导致资本的国际流动或直接投资，从而最终导致资本要素价格的均等化。

奥尔斯特（Horst）调查研究了追求利润最大化的美国企业进入加拿大市场时的出口和对外直接投资选择，并对企业生产成本差异、关税壁垒水平、市场结构与市场规模大小等影响因素进行分析。结果表明，无论是名义关税率还是实际关税率都会促使外国企业更多地选择对外直接投资的模式，但较高的名义关税率促使外国企业进行对外直接投资的可能性更大。

奥尔斯特曼和马库森（Horstmann and Markusen）从社会福利最大化的角度研究了不完全竞争市场条件下关税壁垒对外国企业的出口和对外直接投资的影响。结果得出了与奥尔斯特相似的研究结论：面对进口国的高关税壁垒，外国企业倾向于对外直接投资而不是出口。

莫塔 M.（Motta M.）建立了一个博弈框架，分析国外跨国公司在进入东道国市场时对出口和直接投资的选择。不同于以往成本变量之间简单关系的分析，他发现东道国的关税可以引起直接投资的改变或干脆引起跨越关税的直接投资。而且如果在自由贸易下没有东道国的企业进入市场，那么跨越关税的直接投资会增加东道国的福利。

史密斯（Smith）在寡头垄断的分析框架下进行研究，给出了这样一种情形：在关税壁垒下，跨国公司在出口和对外直接投资之间进行选择，进口国的国内企业在进入和不进入之间进行选择，双方竞争的结果会导致许多不同的市场均衡解，而这些不同的均衡解主要取决于对外直接投资的沉淀成本、贸易保护水平及其他重要参数。也就是说，关税壁垒可能会导致跨国公司对外直接投资，也可能不会，跨国公司的行为取决于这些参数。

孔帕、堂伦费尔德和韦伯（Compa，Donnenfeld and Weber）从市场结构的角度出发研究反倾销壁垒下跨国公司是否会进行对外直接投资。研究结果表明：东道国的国内产业集中度越高，反倾销引致的对外直接投资的可能性越小。因为产业的集中度越高，产业内企业的战略决策越重要，它可以通过产量和价格的控制来阻止外国企业的进入。因此，高贸易壁垒并不必然导致更多的对外直接投资，东道国的市场结构起着直接的决定作用。

理查德·E·鲍德温、詹马里克·I·P·奥塔维亚诺（Richard E. Baldwin，Gianmarco I. P. Ottaviano）认为按照以前的跨国公司跨越关税引致的对外直接投资模型，跨国公司要么进行对外直接投资，要么进行出口，二者只能选其一，不能同时进行。这种情况显然不符合所观察到的事实：国与国之间尤其是发达国家之间，互相之间的投资和出口贸易是共存并重的。跨国公司在不同的国家投资设厂生产不同的产品，再以贸易的形式将这些产品销往各个国家的市场。所以理查德·E·鲍德温、詹马里克·I·P·奥塔维亚诺提出了一个新的模型，指出产业内的对外直接投资与贸易是同时并存的。模型假设在不完全竞争条件下，跨国公司是生产多元化产品的公司，追求利润最大化的公司为了避免产品之间互相侵蚀市场而在不同的国家投资设厂。对外直接投资对贸易有两种效应：一种是投资替代贸易效应，在生产单一产品和多产品的跨国公司内都会发生；另一种是投资引致贸易效应，也就是在国外设厂生产的产品通过贸易的形式再回到国内市场。

贝尔德、范登布斯切和维格勒（Belderdos，Vandenbussche and

Veugelers）从生产成本不对称的角度出发，研究了外国企业在跨越欧盟的反倾销壁垒进行对外直接投资发生的条件。他们把外国企业的成本优势分成三类：（1）区位特有的成本优势。这种成本优势可能源于外国企业所在国廉价的劳动力成本或原材料价格等。该成本优势完全不能转移。（2）公司特有的成本优势，该成本优势可能源于公司的专有技术或组织管理能力等，是完全可以转移的。（3）不可完全转移的成本优势。正是这些成本优势造成了对欧盟生产同类产品的产业损害。研究结果认为，跨越反倾销壁垒的对外直接投资要求外国企业的成本优势至少是部分可以转移的，如果成本优势完全不可转移，则无论欧盟采取何种反倾销措施，都不会导致外国企业对外直接投资的发生。

布鲁斯·A·布朗尼根、卡萨德拉·汤姆林和韦斯利·W·威尔逊（Bruce A. Blonigen, KaSaundra Tomlin and Wesley W. Wilson）研究了反倾销引致的对外直接投资对进口国国内企业利润的影响。他们做了如下假定：（1）反倾销调查，尤其是裁定征收反倾销税的保护措施会给进口国国内企业带来异常所得。（2）反倾销引致的对外直接投资可能会全部或部分抵消这种效应。接下来分为两步进行分析：第一步，利用事件研究法对反倾销调查和引致的对外直接投资给国内企业所带来的异常所得进行检验；第二步，对给进口国国内企业带来异常所得的决定因素进行分析。分析结果表明，当不存在引致的对外直接投资时，反倾销调查肯定裁定会给国内企业带来异常所得；但如果存在引致的对外直接投资，则这种异常所得就会被抵消。同时还有，在反倾销调查之前，如果存在跨越反倾销壁垒的对外直接投资宣告，尤其是新建投资宣告，则这种效应就更明显，而并购和合资等对外直接投资类型对国内企业的异常所得的影响则要小得多，这是因为新建投资增强了东道国该产业的生产能力，使国内竞争加剧，企业利润减少，从而使企业得益于反倾销调查的异常所得受损。

希尔基·范登布斯切、泽维尔·沃蒂耶（Hylke Vandenbussche，Xavier Wauthy）关注了欧盟的反倾销政策是否会对国内的工业企业造成影响。他们假设欧盟公司和国外公司是双寡头垄断，在同一个市场（欧盟）销售处于垂直供应链关系的不同产品；欧盟采取的反倾销政策是价格承诺；欧盟市场的消费者都愿意买质量最好的产品。通过一个两阶段博弈模型进行分析：第一阶段是产品质量博弈；第二阶段是产品价格博弈。结果表明：国外公司如果在欧盟市场销售低质量的产品，则价格也会定得很低，否则质低价高会使产品失去市场。但是价格定得过低，又会使其面临被欧盟进行反倾销调查的危险，因而国外公司更倾向于提高产品的质量，价格则等同于欧盟市场的均衡价格。在价格趋同的情况下，消费者自然会选择质量更高的产品，欧盟国内公司的利润会越来越少。换句话说，欧盟采取价格承诺的反倾销政策会在国内外公司进行价格竞争的阶段起到保护本国公司的作用，但是一旦考虑到产品质量问题，这种保护政策则不会对国内公司有益。

### 4.1.2　国外文献——实证研究

由于日本在20世纪70~80年代遭受反倾销指控的频率最高、数量最多，所以有关这方面文献的实证研究主要集中在日本企业对反倾销措施的反应。

贝尔德伯斯（Belderbos）检验了欧盟和美国的反倾销调查对日本36种电子产品公司对外直接投资的影响。结果表明跨越反倾销壁垒的效应十分明显。同时，贝尔德伯斯还发现日本企业对欧盟和美国的反倾销措施的反应存在很大差异，其在美国跨越反倾销的对外直接投资规模只相当于欧盟的一半。对此现象，贝尔德伯斯的解释是由于美国和欧盟在反倾销制度上的差异而造成的。

苏拉·吉尔马、戴维·格林纳韦和凯瑟琳·韦克林（Sourafel Girma，David Greenaway and Katharine Wakelin）从产业层次研究了日本在20世纪80~90年代初对英国的对外直接投资迅速增长的原因。结果发现英国的反倾销指控是日本对其投资迅速增长的主要原因。同时他们还发现针对其他国家的反倾销指控的增加使日本的对外直接投资规模减小。对此的解释是遭受反倾销指控的其他国家由于受到进口国政府征收反倾销税的惩罚，而使日本的出口产品具有了相对竞争优势，因而以出口为主，减少了对外直接投资。

雷·巴雷尔和奈杰尔·佩因（Ray Barrel and Nigel Pain）从国家层面分析了日本在欧盟、美国的对外直接投资，结果表明日本的对外直接投资受到贸易保护措施尤其是反倾销措施的强烈影响。他们利用遭受美国反倾销起诉的 20% 的日本企业的数据，对日本在20 世纪 80 年代在美国的对外直接投资进行了实证检验，结果表明：日本的对外直接投资规模与遭受反倾销起诉的数量呈明显的正相关关系。

田（Jeon）利用企业层面的数据对韩国在发达国家的对外直接投资进行了研究，结果发现韩国制造业企业的对外直接投资对东道国的反倾销措施的反应并不十分明显。琼－董金和殷－绍·朗、登特和兰德森（June－Dong Kim and In－Soo Rang，Dent and Randerson）也研究了发达国家的进口限制措施对韩国的对外直接投资的影响，得出了与曾相似的研究结果。

吉恩－弗兰科斯·海纳特，杨－烈帕特（Jean－Francois Hennart，Young－Ryeol Park）从产品和公司具体因素出发，而不是从行业因素出发，对影响日本企业在美国直接投资的决定因素进行了实证分析，结果表明，区位因素（包括规模经济、运输费用、关税和非关税壁垒、相关产品费用、消费者表现）、管理因素（知识、经验和范围经济）、战略因素（规避或共谋、交易风险、跟风行为、竞争动力）会影响日本企业在美国的直接投资。其中，美国的关税和非关税壁垒越高，则日本企业跨越贸易壁垒进行投资的动机越强。

布鲁斯·A·布朗尼根（Bruce A. Blonigen）利用 1980～1990年间遭受美国反倾销指控的所有企业和产品的新建样本数据库进行实证研究（其中不仅有日本企业的样本数据，也有非日本企业的样本数据；既包括发达国家企业的样本数据，也包括发展中国家企业的样本数据），发现不同于以往日本企业对外直接投资与跨越反倾销壁垒的效应十分明显的情况，而是发现跨越反倾销壁垒引致的对外直接投资效应是相当温和的，只是发达国家跨国公司面对东道国反倾销指控时的一种现实选择。布朗尼根对此的解释是影响企业对外直接投资最主要的因素是企业的跨国经营经验，而不是反倾销壁垒，因而对于发展中国家的企业和缺乏跨国经营经验的企业来说，跨越反倾销壁垒的对外直接投资可能是一个不现实的选择。

罗杰·法雷尔、诺埃尔·加斯顿和斯蒂尔姆（Roger Farrell, Noel Gaston and Jan – Egbert Sturm）发现 1984 ~ 1998 年间，日本的对外直接投资出现了急剧增长，快速下滑，重新恢复的现象，通过对日本国内 8 家制造业企业和其对外直接投资的 15 个国家的面板数据进行实证分析，他们发现日本的对外直接投资受国内宏观经济条件和东道国发起的日益增多的反倾销调查的影响最为显著。具体说来，日本的对外直接投资数量和规模与其遭受东道国反倾销起诉的数量呈明显的正相关关系，这与巴雷尔和佩因、贝尔德伯斯和苏拉吉尔马（Barrel and Pain, Belderbos and Sourafel Girma）的分析结果完全相似，所不同的是，罗杰·法雷尔等人对跨越反倾销壁垒的行业进行了具体的划分，比如机器制造和设备工业跨越反倾销壁垒、进行对外投资的效应就十分明显，而交通和木材行业则不是十分显著。

德雷克和卡夫（Drake, T. A. and Caves, R. E.）分析了 1975 ~ 1986 年期间日本在美国直接投资的平面数据，得出如下结论：（1）日本的外商直接投资数量与规模是与美国的贸易保护措施成正比的，后者的措施越强，前者的直接投资就越多。（2）在真正有效的汇率进行浮动时，外商直接投资行为可以起到套汇的作用。（3）日本在研究与开发（R&D）上的花费对其对外直接投资有着正面积极的影响。

杰夫·康宁斯、希尔基·范登布斯切（Jozef Konings, Hylke Vandenbussche）研究了反倾销保护措施是否对国内进口竞争型企业的市场能力产生影响。利用欧盟 4 000 家卷入反倾销调查的生产制造企业的面板数据，对这些企业在面临反倾销调查前后的涨价行为进行了实证分析。结果表明，以保护本国产业为目的的反倾销调查对国内进口竞争型企业的价格上涨行为有着重要的正面影响，而无保护目的的简单反倾销调查则不会对国内相应企业的价格上涨有所影响。这种结论是否适用于美国企业还有待研究。

山崎（Hideki Yamawaki）实证分析了在零售贸易领域，日本企业对美国的出口和在美国建立的日本企业子公司销售行为的关系。分析结果认为，当外国企业面临进入市场障碍时，就会试图通过在当地建立子公司，组织自己的销售渠道来跳跃这些障碍，日本企业在美国的销售子公司极大地促进了日本对美国的出口贸易，换句话说，日本企业之所以能成功地将自己的产品大量地出口到美国，在于在美国当地设立子公司进行渠道销售所创造的良好商誉，比如提供更复杂更创新的产品和良好的售后服务等。这与以前研究者的观点"跨国企业在当地建立子公司进行销售和对当地的出口是一种互补关系"是相一致的。

## 4.1.3　国内文献

国内文献的研究大都紧密结合中国的实际情况，研究在面对反倾销壁垒时，中国出口企业如何合理规避、化解反倾销威胁，对外直接投资这种模式无疑是一种较好的选择。

郭守亭通过建立伯川德价格竞争模型分析了在进口国反倾销制度约束下，出口国企业如何在低价竞销、自愿价格限制和对外直接投资三种策略之间进行选择以实现自己的利润最大化。分析认为，在国外进行直接投资可以避开反倾销壁垒，降低出口的运输成本，但是会不同程度地增加产品的生产成本，如果出口企业的竞争优势是可以转移的，诸如完善先进的管理和技术或者品牌效应等，则在国外进行直接投资不会带来生产成本的增加，或者生产成本增加的幅度小于运输费用减小的幅度，会使企业竞争力增强；但是在大多数情况下由于出口国的竞争优势是建立在廉价的劳动力和土地资源等不可转移的竞争优势之上，所以对外直接投资会导致出口企业竞争力下降。同时，如果考虑基础设施成本的存在，则在出口企业成本优势可转移性非常小的情况下，对外直接投资并不是理想的选择，所以说对外直接投资并不是应对反倾销的利器。

龚家友和滕玉华研究了在中国政府实施反倾销措施后，外商在华的投资跨越效应。中国对部分进口产品征收反倾销税，削弱了有关国家产品在中国市场的竞争力。为了维持乃至扩大在中国市场的份额，一些外国公司通过直接投资方式进入中国国内市场，或者进一步扩大在中国的投资规模，或者在未遭受反倾销指控的第三国投资设厂，然后再以出口的方式来跨越我国的反倾销保护，提高其在国内市场的占有率，强化与国内企业的竞争。因此他们强调当用反倾销措施保护国内工业时，我们更应该关注反倾销保护所引发的投资跨越效应，因为这将更直接地关系到我们实施反倾销措施所获得的保护效果，以及国家整体福利水平的变化。同时提出了尽快完善有关反倾销的法律、法规，修改和完善我国的原产地规则等政策建议。黄文俊、于江也对此问题进行了研究，得出与龚家友和滕玉华相同的结论，认为中国的反倾销措施刺激了外商在华的直接投资，并举出造纸业、化工业的案例进行印证。

徐波分析了中国开展对西欧直接投资的动机，认为动机有开拓海外市场的需要，获取先进技术和规避欧盟反倾销诉讼等。同日本韩国等企业相比，中国尚没有开展投资性市场准入，其后果只能是欧盟对华商品反倾销愈演愈烈，因此，以投资形式使中国产品在西欧当地生产、当地销售，不单是中国对西欧市场准入的方式选择，而且是中国企业绕开欧盟贸易保护壁垒（反倾销税和配额限制等）和保护中国传统输欧产品市场份额的实际需要。

胡麦秀、周延云在成本不对称的假定下，研究了追求利润最大化的企业遭受出口反倾销时在出口与对外直接投资之间的战略选择。他们使用了一个三阶段模型。第一阶段，在进口国政府不同的反倾销措施下，外国出口商与当地生产商之间展开价格竞争。第二阶段，外国出口商在出口和对外直接投资之间进行选择，这种选择主要取决于进口国政府所采取的反倾销措施。第三阶段，进口国政府的最佳政策选择，这种选择不仅取决于其目标函数，而且取决于外国出口商是否存在从事跨越反倾销的对外直接投资的可能性。假定对进口国同类产业所造成的损害是由外国生产商的成本优势引起的，这种成本优势可能源于外国生产商所在国廉价的劳动力成本或原材料价格所形成的区位成本优势，也可能源于生产商的专有技术或组织管理能力所形成的成本优势。研究结果表明，跨越反倾销的对外直接投资要求外国生产商的成本优势至少是部分可以转移的，如果成本优势完全不可转移，则无论进口国政府采取何种反倾销措施，外国出口商都不会选择对外直接投资。同时，研究还发现，一方面，外国出口商的行为决策选择受进口国政府反倾销政策的影响；另一方面，进口国政府的最佳政策选择也会受到外国出口商行为决策选择的影响，两者是一种战略互动的关系。

唐凌和李春杰通过建立价格竞争模型分析了我国企业在面对反倾销时采取对外直接投资的可行性，指出如果企业应诉反倾销失败，并不意味着完全失去市场，通过对外直接投资，企业仍然可以获得利润，而且可能比做出价格承诺时的利润更高。

王晓辉认为对外投资是规避反倾销的一个有效途径。但是我国目前的对外投资还存在着许多问题：诸如企业对外投资目的不明确，致使价格竞争延续到了投资国；对外投资地区十分集中等，非但没有减少反倾销对我国出口贸易的负面影响，反而在一定程度上加重了国外对我国反倾销的指控。同时提出了相应的建议：对外投资要有明确的目标，政府要引导企业协调发展；对外投资要与普惠制中的原产地规则相呼应。

赵春明和谭峡浩站在微观的角度，对某一行业的厂商在被征收反倾销税以及对外直接投资两种不同情况下的利润最大化行为来分析反倾销以及其他因素对企业对外直接投资决策的影响，并以美国提起的反倾销为例进行了实证分析。分析结果表明，在征收反倾销税的情况下，企业究竟是选择继续出口，还是选择进行对外直接投资，取决于本国的劳动力成本、关税、反倾销税、东道国的工资水平和固定成本这五个因素。在反倾销税过高的情况下，企业无疑将选择进行对外直接投资，也就是反倾销税引致的跳跃式对外直接投资。但是有一些其他的因素也会促进或者阻止 FDI 的发生。如果固定资本投入太大的话，即使征收反倾销税，因为进行对外直接投资的成本过大，企业仍然会选择进行出口来实现利润的最大化；而相反，如果东道国的成本优势十分明显，即使没有征收反倾销税，企业也会选择进行对外直接投资。

　　刘洁、徐向民重点分析了反倾销措施对于其实施国（进口国）的福利水平到底有何影响，共分为三种情况：第一种情况，对某一种产品征收反倾销税所引发的福利水平的变化；第二种情况，对以上提及的产品的垂直关联产品提供反倾销保护所引起的福利水平的变化；第三种情况，因征收反倾销税而引发的跨越性投资效应所引起的福利水平的变化。分析表明，当进口国工业水平比较低时，可以利用因征收反倾销税而引发的跨越性投资效应，通过引进外资来促进本国工业的发展。因为工业水平比较低，跳跃性投资的溢出效用会比较大；相反，当进口国工业水平较高时，不宜采取这种措施。因为跳跃性投资的溢出效应比较小，而负效应比较大。此时，自由贸易对该国更为有利。

　　姚战琪分析了在贸易摩擦和争端高发期的中国家电国际市场进入模式选择，认为应该是出口开拓市场与对外直接投资并重。通过比较日美摩擦时期日本家电出口战略，认为随着欧盟和美国对我国彩电等家电产品反倾销的调查和反倾销税的征收，对我国家电出口增长贡献最大的将是科技含量高的产品，这类产品的出口增长潜力很大。同时调整我国家电产品出口策略：在贸易伙伴国市场主动申请市场导向产业；分散销售市场；提升产业技术层次；改变现有家电行业协会的组织管理体制将会使我国产品降低遭受反倾销调查的风险。同样，加大对海外的直接投资，变国内生产国外销售为国外生产当地销售，也能较彻底地解决反倾销问题。

唐宇对反倾销保护所可能引起的四种经济效应：贸易转移效应、投资跨越效应、上下游产业的继发性保护效应、国家间的报复效应——进行了分析。其中的投资跨越效应表明：反倾销程序的无形威慑作用，以及具体反倾销税的征收都在很大程度上促进了出口企业对实施反倾销的进口国进行直接投资以规避其反倾销保护，这样不仅削弱了反倾销保护国内产业的效果，甚至可能给进口国市场带来更为激烈的国内竞争，完全背离了反倾销保护实施的目的，更加重了实施反倾销保护的成本。

卢进勇、郑玉坤对中国企业应对反倾销壁垒的海外直接投资具体方式进行了分析，认为有以下几种：（1）在东道国投资设立企业，可以是通过绿地投资新建一个企业，也可以是并购一家当地企业。（2）在东道国购并知名品牌，这种方式需要购并企业具有强大的资金实力和品牌管理能力。（3）在第三国投资设立企业，到与主要目标市场国家有某种贸易协定关系的国家或地区投资创办企业，然后利用第三国与主要目标市场国家之间存在的贸易优惠将产品销往主要目标市场国家。

赵伟、管汉晖分析了中国彩电业遭受美国反倾销诉讼的原因，并提出了相应对策，其中进行海外直接投资，采取本土化经营方式，以规避反倾销壁垒给企业带来的损害是一条有效且应该长期执行的策略。

梁曙霞认为目前中国作为世界上遭遇反倾销最多的国家，正面临着 20 世纪日本和韩国在出口贸易上的相同遭遇，所以中国可以借鉴日本、韩国的成功经验，通过对外直接投资，在当地生产、当地销售，从而绕开贸易保护壁垒，改变国际贸易关系中被动的局面。

李荣林对非充分就业条件下关税引致投资的福利效应进行了分析。关税引致的投资是指由于一国对进口部门设置关税而产生的以直接投资为形式的资本流入，其对国民福利的影响表现在三个方面：贸易条件效应、贸易量效应和边际产品效应。在非充分就业条件下，由于进口替代部门的扩张并不会引起出口部门生产的减少，以及贸易量增长速度的递减并不以绝对量的减少为条件，同时资本流入所产生的边际产品会有一部分转为工资和税收收入，因此三种效应之和总是正的。所以外国资本的流入只会引起国民福利的增加而不会导致国民福利损失。

## 4.2　跨国公司进入模式对东道国反倾销壁垒的影响

与上述研究不同的是，有的学者从另一个侧面研究了跨国公司对外直接投资这种模式是如何影响东道国的反倾销壁垒的。在这些研究中，假定东道国的贸易保护水平是已定的，但是贸易保护政策却是外生的会发生变化的，因而会受到跨国公司进入模式的影响。

跨国公司进入模式的选择对东道国贸易保护壁垒的影响最早可以追溯到巴格瓦蒂和斯里尼瓦桑（Bhagwati and Srinivasan）。他们分析了出口型国家的最佳贸易策略，结果发现，当面对进口国内生性的贸易保护政策和外生性的数量限制政策时，前者比后者更能使出口国减少出口。

巴格瓦蒂（Bhagwai）更是从政治经济学分析的角度研究了贸易壁垒和跨国公司进入模式中对外直接投资的关系。他用一个两时期博弈模型，不仅分析了跨国公司对出口和对外直接投资两种进入模式的选择，同时也分析了东道国政府的行为在企业决策中的作用。巴格瓦蒂认为东道国的贸易保护威胁可能会导致外国企业的对外直接投资，反过来，外国企业的对外直接投资也会对东道国的贸易保护水平产生影响。巴格瓦蒂、迪诺普洛斯和卡尔（Bhagwai, Dinopoulos and Kar-yiuwong）认为在第一时期，外国企业为了绕过东道国的贸易壁垒而进行对外直接投资，即使这种投资在当时无利可图，但能够加剧东道国国内市场的竞争，使东道国进口竞争型企业的利润受损。第二时期，东道国政府受国内进口竞争型企业的影响，降低贸易保护壁垒，这就为外国企业增加出口提供了可能性，从而外国企业在第一时期由于对外投资进行的损失，可以通过这一时期的增加出口得到补偿。这种对外直接投资的模式是为了减少东道国采取保护措施的可能性，可称之为补偿式的投资。

阿兹拉克和魏恩、布朗尼根和芬斯特拉（Azrak and Wynne, Blonigen and Feenstra）利用日本制造业在美国的对外直接投资数据，进行实证检验，证明了该种现象的存在。

布鲁斯·A·布朗尼根、大野由佳（Bruce A. Blonigen, Yuka Ohno）分析了两个寡头出口企业的对外直接投资是如何影响进口国的贸易保护水平的。他们建立了一个简单的两时期古诺双寡头模型（Two-period Cournot Dupoly Model），假定来自两个不同国家的寡头出口企业共同竞争于进口国市场。在第一时期，两个外国企业只能通过出口服务于进口国市场。进口国政府通过观察第一时期的出口量，在第一时期末设定特定的关税保护率；在第二时期，两个企业在对外直接投资和出口之间进行选择，通过古诺博弈，得出以下结论：两个企业所面对的贸易保护水平不仅取决于自身的出口水平，同时也取决于竞争对手的出口水平；两个寡头企业在对外直接投资和出口方面的相对竞争优势是不同的，因而选择也会不同。在对外直接投资方面具有相对竞争优势的寡头企业将倾向于在第二阶段进行对外直接投资，为此，它将增加第一阶段的出口，目的是为了促使进口国政府在第二阶段提高针对另一企业的贸易保护水平，减少竞争压力，这种现象被称为"建立贸易保护"（Protection Building Trade）式的投资。

埃林森、沃内德（Ellingsen，Warneryd）从政治经济学的角度研究了外商直接投资如何影响东道国进口竞争型企业寻求政府保护的程度和方式。研究基于两个重要的假设：（1）外商直接投资方式是新建投资，而不考虑跨国并购。（2）没有新的国内企业进入。这对于进入高成本和在海外有着比较优势的企业来说是比较现实的假设。通过分析，埃林森和沃内德认为进口国政府受进口竞争企业利益的驱使，将选择有限的保护水平（Limit Leve of Protection），即总是将贸易保护水平设置在能够限制外国企业对外直接投资的进入水平上，与以往文献分析不同的是，他们认为进口竞争企业并不总是渴望寻求尽可能高的保护水平，而是寻求一个有限的保护水平。因为高保护水平将刺激外国企业从事跨越贸易壁垒的对外直接投资，这会使进口国的国内市场的竞争更加激烈，从而损害进口竞争企业的利益。对于外国企业来说，有限保护水平将会增加对外直接投资的机会成本，在该成本比较高的情况下，它将选择在本国生产，以出口方式服务于进口国企业。同时，埃林森和沃内德还发现，东道国进口竞争型企业在受到外商直接投资威胁时，多数会选择自愿出口限制的贸易保护方式，比起征收关税，自愿出口限制能更有效地使外国企业在保持一定量出口水平的情况下，待在本国，减少对外直接投资。

布鲁斯·A·布朗尼根、罗伯特·C·芬斯特拉（Bruce A. Blonigen，Robert C. Feenstra）利用 4 位标准产业分类（SIC）的部门平面数据对日本制造业企业在 20 世纪 80 年代对美国的直接投资进行实证研究，结果发现，美国的贸易保护威胁程度越高，越容易引起日本企业的直接投资。如果本期的贸易保护威胁度从 5% 上升到 10%，则会引起下期日本企业的 FDI 超过 30% 的增长。也就是说，日本企业的直接投资是为了化解美国的贸易保护威胁。同时，他们还发现，非跨国并购的直接投资形式在化解免责条款保护方面比化解反倾销保护更成功。

市野安仓（Yasukuzu Ichino）继续了布鲁斯·A·布朗尼根和罗伯特·C·芬斯特拉（Bruce A. Blonigen and Robert C. Feenstra）的研究，提出了"化解保护威胁的出口"理论，该理论建立在两个关键的假设上：一是反倾销税的水平是由反倾销起诉前外国企业的出口量决定的，出口越多，反倾销税的水平越高，但与进口竞争企业寻求保护的努力程度无关；二是进口竞争企业对反倾销起诉的支

出水平直接影响到征收反倾销税的可能性。结果表明：当外国企业
存在跨越反倾销壁垒的对外直接投资的可能时，进口竞争企业所追
求的最佳保护水平既不是阻止，也不是适应，而是限定在能够阻碍
外国企业进行对外直接投资发生的水平上，这个保护水平将低于外
国企业不存在对外直接投资可能时进口竞争企业所需要的保护水
平。也就是说，当进口竞争企业企图阻碍外国企业的对外直接投资
时，外国企业为了使进口国的贸易保护水平降低，将增加其出口。
外国企业对外直接投资的可能性能够化解进口国的贸易保护威胁。

## 4.3　相近文献研究

阿拉达·阿革瓦（Aradhna Aggarwal）比较了发达国家和发展
中国家采取反倾销措施的不同。他利用 1980 ～ 2000 年间，99 个国
家的平面数据进行实证分析，结果认为：发达国家，只有在经济出
现下滑时，国内企业才会寻求政府的反倾销措施保护，以跟国外出
口到本国的企业抗衡；当国内经济良好时，则不会寻求这种反倾销
保护。对于发展中国家，采取反倾销措施，一方面是由于全球经济
贸易自由化，关税日益降低，反倾销措施可作为打开国门，保护本
国经济的一种工具；另一方面是由于针对发展中国家的反倾销调查
日益增多，这促使发展中国家不断采取反倾销措施抗衡。

贾·S·玛和勇达金（Jai S. Mah，Yong Dae Kim）研究了韩国
对反倾销案件调查数量与国内宏观经济的关系。通过搜集 1980 ～
2003 年间的反倾销调查半截面数据和对国内宏观经济变量的设置：
实际 GDP 增长率、贸易均衡、进口率，实证分析的结果认为反倾
销调查数量与国内实际 GDP 的增长有着长期的平衡关系，即反倾
销调查数量越高，实际 GDP 增长越快，反之，则不成立。

布鲁斯·A·布朗尼根、查德·鲍恩（Bruce A. Blonigen，Chad
P. Bown）重点研究了针对反倾销调查的报复性行为对反倾销调查
的影响。他们以美国为例，时间锁定在 1980 ～ 1998 年，这期间正

是美国发起反倾销调查的蓬勃发展阶段，当然针对美国反倾销调查的报复性措施也在日益增多。研究结果表明，无论是美国国内的工业企业还是决定反倾销调查的政府部门，当意识到可能会有来自他国的报复性行为时，都会减少发起反倾销调查的数量。也就是说，是否频繁发起反倾销调查，是要看来自他国的采取报复性措施的能力有多强，一些贫穷的发展中国家由于贸易流量小，贸易报复性能力有限，因而受到反倾销指控的可能性也大。

近年来反倾销案件越来越多，但仅有 1/3 的案件是以征收反倾销税结案，许多反倾销案件中途撤回或自愿中止。普吕萨（Prusa, T. J.）对此现象进行了研究，认为那些中途撤销的案件和最终以反倾销税结案的案件对贸易的影响是一致的。通过建立一个讨价还价的模型，他发现，那些成功率比较低的反倾销诉讼，反而会给国内外企业带来更大的利益。

许多民主政体国家的进口竞争型企业会寻求官方保护程序或直接速求政治保护来减轻国外进口企业对其造成的压力。迈克尔·O·摩尔（Michael O. Moore）分析了此种现象，认为无论哪种保护都是需要固定成本的，以减少官方保护成功可能性的政策改革会减少所期望的国家福利。

丹尼·M·莱比锡和玄庆（Danny M. Leipziger and Hyun Ja Shin）利用标准回归技术对美国发起的针对国外竞争者的反倾销调查进行实证分析，认为美国国内行业倾向于对短期内频繁向美国出口，且其产品在美国市场上占有重要份额的国外厂家进行反倾销诉讼，而且越是在美国国内处于衰退和不景气的行业发起反倾销诉讼的频率越高。

詹姆斯·D·赖策（James D. Reitzesy）观察了反倾销政策的实施对国内外福利的影响。他建立了一个三阶段两时期模型，假设出口国企业在本国市场处于寡头垄断地位，同进口国企业在进口国的市场进行竞争，如果实施反倾销政策后进行数量限制，则会提升国内福利；如果进行价格限制，则不会提升本国国内福利，但会提升外国的福利。

雷内贝尔德伯斯和利奥（Rene Belderbos and Leo Sleuwaegen）利用日本企业在电子行业和制造业的微观数据进行实证分析，验证日本在亚洲投资的决定因素和其在欧美投资的因素是否有差异，以及在水平贸易群体和垂直贸易群体之中公司间相互关系的影响。分析结果表明，拥有公司特有无形资产是日本企业在欧美发达国家进行投资的必要条件，而公司间特有的水平或垂直联系会降低日本企业进行海外直接投资的壁垒，尤其是针对东南亚进行的投资。

布鲁斯·科格特和张世真（Bruce Kogut and Sea Jin Chang）研究了日本和美国的研发技术能力与日本在美国进行直接投资的关系，通过对有日本企业进入的美国297个行业的负二项回归分析，发现日本的自身技术优势及为获取美国技术成为日本在美国进行直接投资的动力。日本企业的自愿出口限制更加激励了其在美国的直接投资，而其中以合资企业模式进入美国的日本企业获取美方技术的目的更加明显。

托马斯·A·普格尔、埃里克·S·克拉加、田井木村（Thomas A. . Pugel, Erik S. Kragas, Yui Kimura）继续了布鲁斯·科格特和张世真（Bruce Kogut and Sea Jin Chang）的研究，与KC一样都认为日本的技术是其对外直接投资的动因，但于KC不同的是，托马斯·A·普格尔，埃里克·S·克拉加，田井木村认为如果日本在美国的直接投资以规模大小来衡量的话，则美国的研发强度与其关系不大：如果是以进入方式来衡量的话，则美国的研发强度对其有着重要而积极的影响。以在美国的美日合资企业为例，他们都与美国的研发强度有关，而与自身的大小无关，因为他们是以获取美国技术为目的而建立的企业。日本的研发强度是与公司的大小相关的。

赫伯特、亚历克西斯·雅克曼，让·伯蒂（Herbert Glejser, Alexis Jacquemin, Jean Petit）通过线性回归，分析了国内外市场结构如何影响1446家出口企业的出口竞争行为，认为跟出口有关的因素有公司大小、产业聚集、产品差异、地区差异、不完全信息、外商子公司等因素。

依藤清彦、弗拉基米尔·帕希科（Kiyohiko Ito, Vladimir Pucik）对影响日本制造业出口表现（包括出口销售及弹性和出口率）的相关因素进行实证检验，发现研发支出费用、公司和行业的研发强度、公司大小、在国内市场的位置等因素与其有关。具体来说：（1）日本企业的整体出口销售与研发支出费用、公司大小和行业平均研发强度呈正相关关系；（2）单个公司的出口率只跟公司自身大小有关，而与公司及其所在行业的研发强度无关；（3）由于国内市场竞争激烈，日本企业向国外市场开拓是必然的，而其中的技术优势是关键；（4）日本企业在向国外市场出口时奉行低价策略，目的在于占领国外市场份额，这样短期内是低利润回报，但从长期来看就会有高利润。

罗伯特·E·利普西、梅尔亚赫维斯（Robert E. Lipsey, Merle Yahr Weiss）分析了美国单个企业在国外生产制造产品与其向外出口的关系，发现二者之间并不是简单的替代关系，在国外某个区域生产制造的产品越多，该企业从美国向该地区出口的产品也会越多，二者之间成强烈的正相关关系。作者在对该现象分析后预测：这种现象不只表现在单个企业身上和中间产品上，即使在终端产品上，对所有企业而言，这种现象也存在。

## 4.4 小 结

本章对在反倾销壁垒下跨国公司进入模式的研究现状从国内外进行了综合述评，内容总体可归纳为两个方面：反倾销壁垒下跨国公司进入模式的选择；跨国公司进入模式的选择对东道国反倾销壁垒的影响。同时，与之相近的文献也有所涉及，以期尽可能地把握住这一研究方向的理论演进及最新发展动向。

通过梳理，可以看出西方理论界关于包括反倾销壁垒在内的贸易壁垒和跨国公司进入模式之间关系的研究还是相当广泛而深入的，而国内研究则起步较晚，在研究思路上基本上是追随西方理论界，结合中国的实际国情进行分析。从已有的研究，基本可以得出这样的结论：贸易保护壁垒，尤其是反倾销壁垒与跨国公司进入模式之一的对外直接投资存在正相关关系，也就是说，反倾销壁垒导致了跨国公司选择对外直接投资的模式，然而反倾销壁垒是否一定会导致对外直接投资的发生？东道国政府不同的反倾销措施和跨国公司自身的优势对其进入东道国市场的模式选择会产生怎样的影响？如果对外直接投资成为跨国公司应对反倾销壁垒的必然选择，那么如何根据东道国的市场条件和自身所具有的优势选择对外直接投资的具体模式？跨国公司会选择何种进入模式来规避东道国的反倾销壁垒？跨国公司的预销售行为对其进入模式有何影响？这些问题，尚无定论，本章试图对上述问题进行深入的研究，补充该研究方向的不足。

# 第 5 章

# 跨国公司应对反倾销壁垒的
# 一般进入模式选择

跨国公司应对反倾销壁垒的国际市场进入模式比较多样化。笔者试图对其进入的一般模式和特殊模式分别进行深入分析。应对反倾销壁垒的一般进入模式包括是出口还是直接投资，是新建还是并购；特殊模式则重在分析跨国公司为了规避反倾销的威胁而选择的进入模式，以及外资企业在华利用预销售低价倾销时遭遇中国进口反倾销所选择的进入模式。本章着重对一般进入模式进行分析，第6章和第7章则着重对后两种特殊模式进行分析，以期对跨国公司在反倾销壁垒下的市场进入模式选择思路有清晰的把握。

## 5.1 反倾销壁垒下跨国公司出口与
## 对外直接投资模式的选择

随着关税减让和传统的非关税措施的取消，反倾销措施越来越多地被各国作为贸易保护主义的工具来使用，并有愈演愈烈之势。反倾销已成为产生国际贸易摩擦的又一新的壁垒，面对这一壁垒，跨国公司选择何种模式进入东道国市场成为学术界日益关注的前沿问题。

本章利用 Bertrand 模型来进行分析。Bertrand 模型是讨论生产同质产品的两寡头企业间的价格竞争。在模型中，伯特兰（Bertrand）证明，虽然只有两家企业，但由于每家寡头企业在选择自己的价格时，必须先预测另一家寡头企业的价格决策，实际上，每一企业所确定的价格都是在另一家企业的选择既定条件下的利润最大化选择，因此，价格竞争的结果使得均衡价格一定和边际成本相等。在这个价格水平上，两家寡头企业的利润为零，这与完全竞争市场的均衡结果一样，因此，被称为 Bertrand 悖论（Bertrand Paradox）。解决这一悖论的办法之一就是引入产品的差异性。如果不同企业生产的产品是有差异的，替代弹性就不会是无限的，此时消费者对不同企业的产品有着不同的偏好，价格不是他们感兴趣的唯一变量。在存在产品差异的情况下，均衡价格不会等于边际成本。因此，在本章中，我们引入产品的差异性，利用 Bertrand 模型来分析生产相似产品的两寡头企业在反倾销情况下的价格竞争。在这里，我们假定进口国政府的反倾销措施是既定的，每家企业都根据自己对另一家企业价格选择的预测来决定使自己获得利润最大化的价格，这一决策过程符合 Nash 均衡的要求，即给定其他参与人的战略，每一个参与人都有一个最优的战略选择。我们把符合 Nash 均衡要求的两寡头企业之间的价格竞争的结果称为 Bertrand – Nash 均衡。

### 5.1.1　理论假定与分析框架的建立

我们考虑一个三阶段模型，包括东道国政府、东道国企业和跨国公司。为了简化分析，做出如下假定：（1）东道国政府的反倾销措施，既可采取征收反倾销税，又可采取价格承诺，究竟采取何种方式取决于东道国政府的目标函数；（2）东道国企业不进行出口，跨国公司既可通过出口服务于东道国市场，也可在东道国进行直接投资；（3）东道国企业与跨国公司同时决定在东道国市场上的 Nash – Bertrand 均衡价格；（4）在自由贸易条件下，跨国公司较东道国企业有着成本优势。这种成本优势可能源于跨国公司所在国低廉的劳动力成本或原材料价格，也可能源于跨国公司专有技术或组织管理方面的优势。由于该优势的存在，跨国公司在东道国市场上可以通过削减价格来销售产品；（5）跨国公司削价销售产品是其成本优势的反映，而且决定了东道国国内产业受损害的程度，并最终导致反倾销税的征收水平和价格承诺的水平。在第一阶段，东道国政府决定是否采取反倾销措施和采取何种反倾销措施；第二阶段，跨国公司在出口和对外直接投资上进行选择；第三阶段，跨国公司和东道国企业在东道国进行 Bertrand 价格竞争。

东道国企业与跨国公司的线性需求函数可表示为：

$$\theta_1(p_1,\ p_2) = 1 - p_1 + \lambda p_2 \qquad (5-1)$$

$$\theta_2(p_1,\ p_2) = 1 - p_2 + \lambda p_1 \qquad (5-2)$$

式中，$p_1$ 表示东道国企业产品的价格，$p_2$ 表示跨国公司在东道国市场上的价格；参数 $\lambda$（$0 \leq \lambda < 1$）表示东道国产品与跨国公司产品的差异程度。当 $\lambda = 0$ 时，东道国企业的产品与跨国公司的产品是完全异质的，不相关的，两者之间不存在替代关系，自然也没有竞争关系；当 $\lambda = 1$ 时，两种产品是同质的，属于完全替代品，因此产品之间的竞争十分激烈。$\lambda$ 越趋向于 0，产品的差异性越大，替代弹性越小，竞争越不激烈；反之，$\lambda$ 越趋向于 1，产品的同质性越强，替代弹性越大，竞争越激烈。由于反倾销调查针对的是可替代的相似产品，因此可以合理假设 $\lambda$ 是趋向于 1 的，同时 $\lambda$ 还保证了交叉价格效应要小于自有价格效应。

同时，我们假定东道国企业与跨国公司各自的边际生产成本分别为 $c_1$、$c_2$，跨国公司的运输成本为 g。我们假设跨国公司在自由贸易条件下拥有成本优势，则 $g < c_1$，很明显，这样跨国公司在东道国市场会拥有比东道国企业更低的价格。

我们假定东道国政府采取的反倾销措施可用公式表达为 $I \in (t, u)$，t 代表可征收反倾销税，u 代表价格承诺。东道国政府的目标函数是其国家福利的代表，可用公式表示为

$$v_I = cs_I + k\pi_I + t_I \qquad (5-3)$$

其中，$cs_I$ 表示东道国消费者剩余；$\pi_I$ 表示东道国企业利润；$t_I$ 表示关税税率，k 表示东道国政府设置的生产者剩余和消费者剩余

之间的权重。如果 $k=1$，则东道国政府的目标函数代表着国内社会福利，如果 $k>1$，则东道国政府认为国内企业的利润已超过消费者剩余和关税税率之和。无论是征收反倾销税还是采取价格承诺的措施，其目的都是在于消除东道国企业和跨国公司边际成本的差异，或保证二者生产的产品在东道国市场上的价格一致。如果是征收反倾销税，则反倾销税率等于跨国公司和东道国企业边际成本差异：$t=c_1-g$；如果是价格承诺，则跨国公司需要与东道国企业价格一致：$p_1=p_2$。

## 5.1.2    不同类型成本优势对市场进入方式选择的影响

假定跨国公司对外直接投资所需投入的固定成本为 F，其拥有的成本优势可分为区位特有的成本优势（这种成本优势可能源于跨国公司所在国低廉的劳动力成本或原材料价格，是不可转移的）、企业特有的成本优势（该成本优势可能源于跨国公司的专有技术或组织管理方面的优势，是可以转移的）两种情况，下面我们分析跨国公司基于上述两种情况下，在出口和对外直接投资之间的选择。

### 1. 可转移的成本优势——企业特有的成本优势

当跨国公司具有可转移的成本优势时在自由贸易、征收反倾销税、价格承诺三种东道国政府政策下，跨国公司和东道国企业各自利润函数可分别表示如下：

自由贸易：

$$\begin{cases} \pi^1_{FT,EX}=(p_1-c_1)\theta_1=(p_1-c_1)(1-p_1+\lambda p_2) \\ \pi^2_{FT,EX}=(p_2-g)\theta_2=(p_2-g)(1-p_2+\lambda p_1) \\ \pi^1_{FT,FDI}=(p_1-c_1)\theta_1=(p_1-c_1)(1-p_1+\lambda p_2) \\ \pi^2_{FT,FDI}=p_2\theta_2-F=p_2(1-p_2+\lambda p_1)-F \end{cases} \quad (5-4)$$

$\pi^1_{FT,EX}$、$\pi^2_{FT,EX}$ 指的是在自由贸易条件下，当跨国公司选择出口的方式进入东道国市场时东道国企业和跨国公司各自的利润；$\pi^1_{FT,FDI}$、$\pi^2_{FT,FDI}$ 指的是在自由贸易条件下，当跨国公司选择对外直接投资的方式进入东道国市场时东道国企业和跨国公司各自的利润。

征收反倾销税：

$$
\begin{cases}
\pi^1_{AD,\,EX} = (p_1 - c_1)\theta_1 = (p_1 - c_1)(1 - p_1 + \lambda p_2) \\[4pt]
\pi^2_{AD,\,EX} = (p_2 - g - t)\theta_2 = (p_2 - g - t)(1 - p_2 + \lambda p_1) \\[4pt]
\pi^1_{AD,\,FDI} = \pi^1_{FT,\,FDI} = \pi^1_{FT,\,EX} \\[4pt]
\pi^2_{AD,\,FDI} = \pi^2_{FT,\,FDI}
\end{cases} \tag{5-5}
$$

$\pi^1_{AD,\,EX}$、$\pi^2_{AD,\,EX}$ 指在东道国政府征收反倾销税的情况下，当跨国公司选择出口的方式进入东道国市场时，东道国企业和跨国公司各自的利润，其中，t 指的是对单位进口产品征收的反倾销税，如前所述，所征收的反倾销税水平是为了消除跨国公司的成本优势；$\pi^1_{AD,\,FDI}$、$\pi^2_{AD,\,FDI}$ 指在东道国政府征收反倾销税的情况下，当跨国公司选择对外直接投资的方式进入东道国市场时，东道国企业和跨国公司各自的利润。因为征收反倾销税此时不会再影响跨国公司的利润，所以跨国公司和东道国企业的利润与在自由贸易条件下各自的利润相同。

价格承诺：

$$
\begin{cases}
\pi^1_{und,\,EX} = (p_{und} - c_1)\theta_1 = (p_{und} - c_1)(1 - p_{und} + \lambda p_{und}) \\[4pt]
\pi^2_{und,\,EX} = (p_{und} - g)\theta_2 = (p_{und} - g)(1 - p_{und} + \lambda p_{und}) \\[4pt]
\pi^1_{und,\,FDI} = \pi^1_{FT,\,FDI} = \pi^1_{FT,\,EX} \\[4pt]
\pi^2_{und,\,FDI} = \pi^2_{FT,\,FDI}
\end{cases} \tag{5-6}
$$

$\pi^1_{und,\,EX}$、$\pi^2_{und,\,EX}$ 指在采取价格承诺的情况下，当跨国公司选择出口的方式进入东道国市场时，东道国企业和跨国公司各自的利润，其中 $p_{und}$ 指的是政府和企业协商的价格，很明显，$p_{und} = p_1 = p_2$；$\pi^1_{und,\,FDI}$、$\pi^2_{und,\,FDI}$ 指在采取价格承诺的情况下，当跨国公司选择对外直接投资的方式进入东道国市场时，东道国企业和跨国公司各自的利润，该情况与政府征收反倾销税时的情况一致，东道国企业与跨国公司的利润不会受到影响，所以与在自由贸易情况下各自的利润相同。

对东道国企业和跨国公司各自的利润函数求一阶倒数并让其等于 0，可得到其最佳反应函数：

自由贸易：

$$\begin{cases} \dfrac{\partial \pi^1_{FT,EX}(p_1,p_2)}{\partial p_1} = \theta_1 + \theta'_1(p_1 - c_1) = 0 \\[2mm] \dfrac{\partial \pi^2_{FT,EX}(p_1,p_2)}{\partial p_2} = \theta_2 + \theta'_2(p_2 - g) = 0 \\[2mm] \dfrac{\partial \pi^1_{FT,FDI}(p_1,p_2)}{\partial p_1} = \theta_1 + \theta'_1(p_1 - c_1) = 0 \\[2mm] \dfrac{\partial \pi^2_{FT,FDI}(p_1,p_2)}{\partial p_2} = \theta_2 + \theta'_2 p_2 = 0 \end{cases} \qquad (5-7)$$

征收反倾销税：

$$\begin{cases} \dfrac{\partial \pi^1_{AD,EX}(p_1,p_2,t)}{\partial p_1} = \theta_1 + \theta'_1(p_1 - c_1) = 0 \\[2mm] \dfrac{\partial \pi^2_{AD,EX}(p_1,p_2,t)}{\partial p_2} = \theta_2 + \theta'_2(p_2 - g - t) = 0 \end{cases} \qquad (5-8)$$

价格承诺：

$$\begin{cases} \dfrac{\partial \pi^1_{und,EX}(p_1,p_2,p_{und})}{\partial p_{und}} = \theta_1 + \theta'_1(p_{und} - c_1) = 0 \\[2mm] \dfrac{\partial \pi^2_{und,EX}(p_1,p_2,p_{und})}{\partial p_{und}} = \theta_2 + \theta'_2(p_{und} - g) = 0 \end{cases} \qquad (5-9)$$

解上述反应函数，可获得在自由贸易、征收反倾销税、价格承诺三种情况下的 Bertrand - Nash 均衡解和东道国企业与跨国公司各自的利润：

自由贸易：

$$\begin{cases} p^{BN}_{1,FT,EX} = \dfrac{2(1+c_1) + \lambda(1+g)}{4 - \lambda^2}, \\[2mm] \pi^{BN}_{1,FT,EX} = \left[ \dfrac{2+\lambda}{4-\lambda^2} - \dfrac{2-\lambda^2}{4-\lambda^2} c_1 + \dfrac{\lambda g}{4-\lambda^2} \right]^2 \end{cases} \qquad (5-10)$$

$$\begin{cases} p_{2,\,FT,\,EX}^{BN} = \dfrac{2(1+g)+\lambda(1+c_1)}{4-\lambda^2}, \\[3mm] \pi_{2,\,FT,\,EX}^{BN} = \left[\dfrac{2+\lambda}{4-\lambda^2} - \dfrac{2-\lambda^2}{4-\lambda^2}g + \dfrac{\lambda c_1}{4-\lambda^2}\right]^2 \end{cases} \tag{5-11}$$

$$\begin{cases} p_{1,\,FT,\,FDI}^{BN} = \dfrac{2(1+c_1)+\lambda}{4-\lambda^2}, \\[3mm] \pi_{1,\,FT,\,FDI}^{BN} = \left[\dfrac{2+\lambda}{4-\lambda^2} - \dfrac{2-\lambda^2}{4-\lambda^2}c_1\right]^2 \end{cases} \tag{5-12}$$

$$\begin{cases} p_{2,\,FT,\,FDI}^{BN} = \dfrac{2+\lambda(1+c_1)}{4-\lambda^2} \\[3mm] \pi_{2,\,FT,\,FDI}^{BN} = \left[\dfrac{2+\lambda}{4-\lambda^2} + \dfrac{\lambda}{4-\lambda^2}c_1\right]^2 - F \end{cases} \tag{5-13}$$

征收反倾销税:

$$\begin{cases} p_{1,\,AD,\,EX}^{BN} = \dfrac{2(1+c_1)+\lambda(1+g+t)}{4-\lambda^2} \\[3mm] \pi_{1,\,AD,\,EX}^{BN} = \pi_{2,\,FT,\,FDI}^{BN}\left[\dfrac{2+\lambda}{4-\lambda^2} - \dfrac{2-\lambda^2}{4-\lambda^2}c_1 + \dfrac{\lambda}{4-\lambda^2}(g+t)\right]^2 \end{cases} \tag{5-14}$$

$$\begin{cases} p_{2,\,AD,\,EX}^{BN} = \dfrac{2(1+g+t)+\lambda(1+c_1)}{4-\lambda^2} \\[3mm] \pi_{2,\,AD,\,EX}^{BN} = \left[\dfrac{2+\lambda}{4-\lambda^2} - \dfrac{2-\lambda^2}{4-\lambda^2}(g+t) + \dfrac{\lambda}{4-\lambda^2}c_1\right]^2 \end{cases} \tag{5-15}$$

$$\pi_{1,\,AD,\,FDI}^{BN} = \pi_{1,\,FT,\,FDI}^{BN} = \left[\dfrac{2+\lambda}{4-\lambda^2} - \dfrac{2-\lambda^2}{4-\lambda^2}c_1\right]^2 \tag{5-16}$$

$$\pi_{2,\,AD,\,FDI}^{BN} = \pi_{2,\,FT,\,FDI}^{BN} = \left[\dfrac{2+\lambda}{4-\lambda^2} + \dfrac{\lambda}{4-\lambda^2}c_1\right]^2 - F \tag{5-17}$$

价格承诺:

$$p_1 = p_2 = p_{und,\,EX}^{BN} = \dfrac{1+c_1}{2-\lambda} \tag{5-18}$$

$$\pi_{1,\,und,\,EX}^{BN} = \left[ \frac{1}{2-\lambda} - \frac{1-\lambda}{2-\lambda}c_1 \right]^2 \qquad (5-19)$$

$$\pi_{2,\,und,\,EX}^{BN} = \left[ \frac{1}{2-\lambda} + \frac{c_1-g}{2-\lambda} \right] \left[ \frac{1}{2-\lambda} - \frac{1-\lambda}{2-\lambda}c_1 \right] \qquad (5-20)$$

$$\pi_{1,\,und,\,FDI}^{BN} = \pi_{1,\,FT,\,FDI}^{BN} = \left[ \frac{2+\lambda}{4-\lambda^2} - \frac{2-\lambda^2}{4-\lambda^2}c_1 \right]^2 \qquad (5-21)$$

$$\pi_{2,\,und,\,FDI}^{BN} = \pi_{2,\,FT,\,FDI}^{BN} = \left[ \frac{2+\lambda}{4-\lambda^2} + \frac{\lambda}{4-\lambda^2}c_1 \right]^2 - F \qquad (5-22)$$

因为在征收反倾销税时所征收的税率 $t = c_1 - g$，而且 $\lambda$ 近似为 1，所以可以得到如下关系式：$p_{1,\,AD,\,EX}^{BN} = p_{2,\,AD,\,EX}^{BN} > p_{1,\,FT,\,EX}^{BN} > p_{2,\,FT,\,EX}^{BN}$；$p_{und,\,EX}^{BN} > p_{1,\,FT,\,EX}^{BN} > p_{2,\,FT,\,EX}^{BN}$；$p_{1,\,FT,\,FDI}^{BN} > p_{2,\,FT,\,FDI}^{BN}$，也就是说，当东道国政府采取反倾销措施时（包括征收反倾销税和价格承诺），跨国公司采取对外出口的方式进入东道国市场时，在市场均衡的状态下，其价格总是高于在自由贸易的情形下以出口的方式进入。

在成本优势完全可以转移的情况下，随着对外直接投资，跨国公司不仅可以享受成本优势给其带来的好处，而且还可以避免支付运输费，这将导致跨国公司的边际成本下降。在市场均衡时，我们可以得到如下结论：在自由贸易的情况下，$\pi_{2,\,FT,\,FDI}^{BN} < \pi_{2,\,FT,\,EX}^{BN}$，也就是说跨国公司采取对外直接投资的方式进入东道国市场所获得的利润要小于其采取直接出口方式所获得的利润，所以会选择对外出口；而在东道国征收反倾销税的情况下，$\pi_{2,\,AD,\,FDI}^{BN} > \pi_{2,\,AD,\,EX}^{BN}$，跨国公司进行对外直接投资所获的利润要高于对外出口的利润，因而会进行对外直接投资；在价格承诺的情况下，$\pi_{2,\,und,\,FDI}^{BN} > \pi_{2,\,und,\,EX}^{BN}$，跨国公司会采取对外直接投资的方式。

那么在东道国政府采取反倾销措施时，跨国公司一定就会进行对外直接投资的行为吗？事实上，跨国公司行为的判定还取决于其进行对外直接投资的新建固定成本 $F$ 与在不同反倾销措施下主要固定费用的比较。在征收反倾销税的情况下，其主要固定费用包括运

输成本 $g$ 和征收的反倾销税 $t$，可用 $F_{AD}$ 表示；在价格承诺的情况下，其主要固定费用就是运输成本 $g$，可用 $F_{und}$ 表示；自由贸易下的主要固定费用用 $F_{FT}$ 表示。很明显，在东道国政府征收反倾销税时，只有当 $F < F_{AD}$ 时，跨国公司才会进行对外直接投资；在价格承诺的情况下，只有当 $F < F_{und}$ 时，跨国公司才会进行直接投资。但是在现实情况下，当新建固定成本很低时，跨国公司所进行的对外直接投资主要是基于效益的考虑，不是投资对出口的替代，因此，东道国政府不会采取任何反倾销措施，则在这种情况下跨国公司所应该选择的进入方式也只是一种假设，根本不会发生。下面我们用表 5 - 1 概括跨国公司的市场进入方式战略选择。

表 5 - 1　　　　　　　　出口国企业的市场进入方式选择

| 东道国政府政策 | $F < F_{und}$ | $F_{und} < F < F_{FT}$ | $F_{FT} < F < F_{AD}$ | $F_{AD} < F$ |
|---|---|---|---|---|
| 自由贸易 | 对外直接投资 | 对外直接投资 | 出口 | 出口 |
| 征收反倾销税 | （对外直接投资） | 对外直接投资 | 对外直接投资 | 出口 |
| 价格承诺 | （对外直接投资） | 出口 | 出口 | 出口 |

注：括号里的选择是假设选择，实际不存在。

从上表中可以看出，当 $F < F_{und}$ 时，即新建固定成本很低时，不管是在自由贸易的情况下还是在东道国政府采取反倾销措施（包括征收反倾销税和价格承诺）的情况下，跨国公司都倾向于对外直接投资。但是在现实中，东道国政府不会采取反倾销措施。当 $F_{und} < F < F_{FT}$ 时，在自由贸易的情况下，跨国公司会选择对外直接投资；在价格承诺的情况下，跨国公司会选择出口；在东道国政府征收反倾销税时，跨国公司会选择对外直接投资。当 $F_{FT} < F < F_{AD}$ 时，如果东道国政府征收反倾销税，跨国公司就会选择对外直接投资，跨越反倾销的对外直接投资就会发生；如果东道国政府采取价格承诺的方式，跨国公司会倾向于出口，因为跨国公司必须接受东道国所设定的价格要求，从而使其价格水平和利润水平都提高，甚至会高于其在自由贸易时的利润水平。当 $F_{AD} < F$ 时，即新建固定成

本很高时，不论在哪种情形下，跨国公司都只会选择出口。

**2. 不可转移的成本优势——区位特有的成本优势**

在成本优势完全不可转移的情况下，跨国公司只能按照东道国企业的边际生产成本 $c_1$ 来进行跨国经营，也就是说 $c_1 = c_2$。跨国公司在不同的东道国政府政策下进行出口所获得的利润是一致的，所以我们现在只研究跨国公司进行对外直接投资的情况。

$$\pi^1_{FT,\,FDI} = (p_1 - c_1)\theta_1 = (p_1 - c_1)(1 - p_1 + \lambda p_2) \qquad (5-23)$$

$$\pi^2_{FT,\,FDI} = (p_2 - c_1)\theta_2 - F = (p_2 - c_1)(1 - p_2 + \lambda p_1) - F$$

$$(5-24)$$

其中，$\pi^1_{FT,\,FDI}$、$\pi^2_{FT,\,FDI}$ 指跨国公司在成本优势完全不能转移时，在自由贸易情况下进行对外直接投资时，东道国企业与跨国公司各自的利润函数，这与在东道国政府采取反倾销措施的情况下，跨国公司进行对外直接投资时两国企业各自的利润函数是一致的，即

$$\pi^1_{FT,\,FDI} = \pi^1_{AD,\,FDI} = \pi^1_{und,\,FDI}, \quad \pi^2_{FT,\,FDI} = \pi^2_{AD,\,FDI} = \pi^2_{und,\,FDI}$$

为了简便起见，用 $\pi^1_{FDI}$ 和 $\pi^2_{FDI}$ 分别表示东道国企业与跨国公司的利润函数

我们对上述利润函数求一阶导数并令其等于零

$$\begin{cases} \dfrac{\partial \pi^1_{FT,\,FDI}(p_1,\,p_2)}{\partial p_1} = 1 + c_1 - 2p_1 + \lambda p_2 = 0 \\[3mm] \dfrac{\partial \pi^2_{FT,\,FDI}(p_1,\,p_2)}{\partial p_2} = 1 + c_1 - 2p_2 + \lambda p_1 = 0 \end{cases} \qquad (5-25)$$

解上述反应函数，可得到 Bertrand – Nash 均衡解和东道国企业与跨国公司各自的利润：

$$\begin{cases} p^{BN}_{1,\,FT,\,FDI} = p^{BN}_{2,\,FT,\,FDI} = \dfrac{1+c_1}{2-\lambda} \\[3mm] \pi^{BN}_{1,\,FT,\,FDI} = \left[\dfrac{1}{2-\lambda} - \dfrac{1-\lambda}{2-\lambda}c_1\right]^2 \\[3mm] \pi^{BN}_{2,\,FT,\,FDI} = \left[\dfrac{1}{2-\lambda} + \dfrac{1-\lambda}{2-\lambda}c_1\right]^2 - F \end{cases} \qquad (5-26)$$

因为在东道国政府采取反倾销措施时，东道国企业与跨国公司都能在当地市场上获得最高价格，我们可以得到如下关系式：

$$p_{1,AD,EX}^{BN} = p_{1,und,EX}^{BN} = p_{1,FT,FDI}^{BN} > p_{1,FT,EX}^{BN}$$

$$p_{2,AD,EX}^{BN} = p_{2,und,EX}^{BN} = p_{2,FT,FDI}^{BN} > p_{2,FT,EX}^{BN}$$

$$\pi_{2,FT,EX}^{BN} > \pi_{2,FT,FDI}^{BN}, \quad \pi_{2,AD,EX}^{BN} > \pi_{2,AD,FDI}^{BN}, \quad \pi_{2,und,EX}^{BN} > \pi_{2,und,FDI}^{BN}$$

也就是说在成本优势不可转移的情况下，跨国公司进行跨越反倾销的对外直接投资并不能补偿其成本的增加，从而不管东道国采取什么样的反倾销措施，跨国公司都倾向于选择出口，而不愿进行对外直接投资。

## 5.2　跨国公司新建投资与跨国并购模式的选择

面对已经形成的反倾销壁垒，跨国公司不仅要在出口与对外直接投资之间进行选择，还要选择对外直接投资的具体模式。如前所述，对外直接投资的具体模式可以分为新建投资与跨国并购两种，跨国公司具体会选择哪种模式取决于其利润最大化的目标，而且是多种因素综合作用的结果。跨国公司在采取新建投资或并购投资前后，其所掌握的资本和技术等要素禀赋、控制权的分布结构、地域文化因素的整合等方面都会发生巨大的变化。本节利用豪泰林线性城市模型，把跨国公司对新建投资或跨国并购的选择作为新建投资的固定成本、跨国公司自身特有的成本优势、东道国市场规模及市场竞争强度等因素的函数，考察这些因素对跨国公司投资模式选择的影响。

豪泰林线性城市模型是研究产品性能差异的一个经典模型。考虑一个长度为 1 的线性城市，有 $N$ 个消费者均匀地分布于其间。两个厂商坐落在城市的两端（厂商 1 的位置记为 0，厂商 2 的位置记为 1），它们生产可以互相替换的两种产品。每个消费者只购买其中的一种产品，并且购买量或者为 0 或者为 1；除此之外，对于城市中除了位于两个端点外的任何一个消费者，两种产品都不是最理想的产品,所以从每一个单位长度的距离消费者还要承担一定数量的"交通成本"。该交通成本可以理解为由于产品不完满匹配所带来的"效用损失"。

### 5.2.1  理论假定与分析框架的建立

我们假设当地企业的边际生产成本为 $c_h$,跨国公司的边际生产成本为 $c_f$。由于跨国公司拥有诸如技术、管理之类的企业特有优势,因此其边际成本比当地企业低,即 $c_h < c_f$。如果跨国公司选择新建投资,则会发生新建固定成本 F( >0),它将采用自己的生产技术进行生产,其边际生产成本为 $c_f$;如果跨国公司选择并购当地企业,它只能采用当地企业的生产技术,其边际生产成本为 $c_h$。因此,并购并不会导致跨国公司在成本上占有优势,但却能使其在东道国市场处于垄断地位。跨国公司的并购成本等于当地企业的预期利润,而当地企业的预期利润又反过来主要取决于跨国公司所选择的进入模式。我们还做出如下假定:(1)东道国政府对跨国公司选择哪种进入方式不加干预。完全由跨国公司自行决定或与当地企业商议决定。(2)跨国公司对东道国企业的并购是同一产业内的水平并购,不考虑上下游产业之间的垂直并购或不同产业间的混合并购。(3)跨国公司并购东道国企业是全额并购(控股比例为100%)。(4)当地企业与跨国公司均指具体的两家企业,且当地企业不能采取不同的生产技术,不能建立新的企业,除了该具体的跨国公司进入外,没有别的潜在进入者。

该模型由两期构成:时期一,东道国企业位于 $\theta = 0$ 处从事生产,跨国公司考虑是否进入东道国市场,如果选择进入,则要么在 $\theta = 0$ 处并购东道国企业,要么在 $\theta = 1$ 处通过新建投资方式建立新的企业。时期二,当跨国公司通过新建投资方式进入东道国市场时,两个企业展开价格竞争。具体来说,跨国公司进入与当地企业博弈的路径如下:第一阶段,跨国公司可以在并购、新建投资或者不进入之间进行选择;第二阶段,如果跨国公司要求并购当地企业，当地企业可以选择接受，也可以选择拒绝；第三阶段，如果当地企业拒绝并购，则跨国公司在新建投资和不进入之间重新进行选择；第四阶段，如果跨国公司选择新建投资，则与当地企业展开价格竞争并实现各自的利润。

根据豪泰林线性城市模型，消费者均匀地分布在 [0, 1] 区间里，分布密度为 1。消费者购买任意一家企业的产品都将发生旅行成本，我们用 $t$ 来表示。不同位置的消费者需支付不同的旅行成本，该成本与消费者距离两个企业的路程成正比。从而，我们可以把两个企业的位置差异解释为产品差异，这个差异又可以进一步解释为消费者购买产品的旅行成本。因此，我们可以把旅行成本 $t$ 作为衡量市场竞争强度的指标。$t$ 越高，意味着两个企业的产品差异性越大，两种产品的价格竞争越不激烈，从而均衡价格和均衡利润也就越高。具体来说，随着旅行成本的上升，不同企业的产品的替代性下降，每个企业对附近消费者的垄断力加强，从而每个企业的最优价格更接近于垄断价格；反之，$t$ 越低，意味着两个企业的产品差异越小，其价格竞争越激烈，从而均衡价格和均衡利润也就越低。

假定消费者要么消费 1 个单位的产品，要么消费 0 个单位的产品，如果消费 1 个单位的产品，则从消费中所获得的总消费剩余为 $z$，更广泛来讲，$z$ 可以是对当地市场规模的度量。我们用 $p_h$ 和 $p_f$ 分别表示当地企业和跨国公司的产品价格。那么，位于 $\theta$ 的消费者购买当地企业产品所需支付的价格为 $p_h + \theta t$，购买跨国公司产品所需支付的价格为 $p_f + (1 - \theta)t$。

则在新建投资的情况下，位于 $\theta$ 的消费者的净效用为：

$$NU = \begin{cases} z - \theta t - p_h \\ z - (1 - \theta)t - p_f \end{cases} \qquad (5-27)$$

其中，$z - \theta t - p_h$ 为位于 $\theta$ 的消费者购买当地企业产品所获得的净效用；$z - (1 - \theta)t - p_f$ 为位于 $\theta$ 的消费者购买跨国公司产品所获得的净效用。

在并购情况下，位于 $\theta$ 的消费者的净效用为：

$$NU = z - \theta t - p_f \tag{5-28}$$

当市场规模比较大，即 z 相对于购买总成本（价格与旅行成本之和）而言足够大时，每个企业可以按照自己针对竞争对手的最佳反应函数设置价格水平，东道国企业与跨国公司的利润函数分别为：

$$\pi_h(p_h,\ p_f) = \frac{(p_h - c_h)(p_f - p_h + t)}{2t} \tag{5-29}$$

$$\pi_f(p_h,\ p_f) = \frac{(p_f - c_h)(p_h - p_f + t)}{2t} - IF \tag{5-30}$$

这里 I 指的是跨国公司进行新建投资的函数指示。

当市场规模非常小，即 z 相对于购买总成本（价格与旅行成本之和）而言足够小时，每个企业不可能按照自己针对竞争对手的最佳反应函数设置价格水平，而且每个企业为了维持其相应的市场份额，会竞相降低价格水平。在这种情况下，东道国企业与跨国公司的利润函数分别为：

$$\pi_h(p_h) = \frac{(p_h - c_h)(z - c_h)}{2t} \tag{5-31}$$

$$\pi_f(p_f) = \frac{(p_f - c_f)(2t + c_h - z)}{2t} - IF \tag{5-32}$$

## 5.2.2 新建投资情况下东道国企业与跨国公司的定价与均衡利润

如前所述，当跨国公司以新建投资的方式进入东道国市场时，如果东道国的市场规模比较大，那么每个企业可以按照自己针对竞争对手的最佳反应函数设置价格水平；如果东道国市场规模很小，则每个企业不可能按照自己针对竞争对手的最佳反应函数来设置价格水平，它们只能各自确定自己的价格水平。当地企业进行垄断定价，跨国公司则根据当地企业的价格来确定自己的价格以占领剩余市场。下面我们具体分析：

1. 当跨国公司自身特有的成本优势非常明显时，当地企业只能以很高的边际成本进行生产，即 $c_h \geqslant z$ 时，由于当地企业的利润为负值，所以只能被迫退出市场，跨国公司将面对整个市场需求，进行垄断定价，并将其每一单位产品都卖给对其评价最高且愿意按最高价格支付的消费者，此时，市场上不会产生消费者剩余，即 $NU = z - t - p_f = 0$，$p_f = z - t$，这就是跨国公司的垄断价格，其相应的垄断利润为 $\pi_f = z - t - c_f - IF$。

2. 当跨国公司自身特有的成本优势不明显时，即 $c_h < z$ 时，两个企业共享市场需求，其利润水平主要取决于东道国市场的规模（$z$）和市场竞争强度（$t$）。

（1）当 $p_h - p_f > t$ 时，当地企业的定价高于跨国公司，并高过旅行成本时，消费者会放弃购买当地企业的产品，转而购买能为其提供最低价格的跨国公司产品。此时，两个企业的利润分别为：

$$\begin{cases} \pi_h = 0 \\ \pi_f = c_h - c_f - t - IF \end{cases} \tag{5-33}$$

（2）当 $p_h - p_f < t$ 时，东道国企业与跨国公司将展开激烈的价格竞争，两个企业的利润水平此时主要取决于东道国的市场规模。

①当东道国市场规模足够大时，两个企业共享市场需求，并可以按照自己针对竞争对手的最佳反应函数来设置自己的价格水平，以实现企业利润最大化。我们对东道国企业和跨国公司的利润函数求一阶导数并令其等于 0，得到

$$\begin{cases} \dfrac{\partial \pi_h(p_h, p_f)}{\partial p_h} = \dfrac{p_f - 2p_h + t + c_h}{2t} = 0 \\ \dfrac{\partial \pi_f(p_h, p_f)}{\partial p_f} = \dfrac{p_h - 2p_f + t + c_f}{2t} = 0 \end{cases} \tag{5-34}$$

解上述函数，可得到豪泰林 - 纳什均衡价格：

$$p_h = \frac{2c_h + c_f + 3t}{3} \tag{5-35}$$

将均衡价格分别代入两个企业的利润函数，可得到均衡利润：

$$\begin{cases} \pi_h = \dfrac{(c_f - c_h + 3t)^2}{18t} \\ \pi_f = \dfrac{(c_h - c_f + 3t)^2}{18t} - IF \end{cases} \qquad (5-36)$$

②当东道国市场规模非常小时，消费者对价格的需求弹性比较高，由于受市场需求的约束，每个企业只能在其需求曲线中点的那个价格水平上进行生产，因此，东道国企业和跨国公司的均衡价格和利润为：

$$\begin{cases} p_h = \dfrac{z + c_h}{2} \\ \pi_h = \dfrac{(z - c_h)^2}{4t} \end{cases} \qquad (5-37)$$

$$\begin{cases} p_f = \dfrac{3z - 2t - c_h}{2} \\ \pi_f = \dfrac{(3z - 2t - c_h - 2c_f)(2t + c_h - z)}{4t} - IF \end{cases} \qquad (5-38)$$

### 5.2.3　并购情况下东道国企业与跨国公司的定价与均衡利润

当跨国公司以并购方式进入东道国市场时，由于是市场上唯一的生产者，因此可以进行垄断定价，但是其利润不仅取决于垄断价格，还取决于它对当地企业的并购价格，下面我们具体分析：

1. 当跨国公司自身特有的成本优势非常明显时，即 $c_h \geq z$ 时，由于当地企业的利润为负值，因此在东道国不存在目标企业，并购是不可行的。

2. 当跨国公司自身特有的成本优势不明显时，即 $c_h < z$ 时，其并购价格和利润水平主要取决于东道国市场的规模（$z$）和市场竞争强度（$t$）。

（1）当 $p_h - p_f > t$ 时，两个企业的价格差异超过了旅行成本，当地企业处于绝对劣势的地位，其利润为 0，则此时跨国公司并购价格也为 0，其利润水平主要取决于当地市场规模的大小：

市场规模足够大时，其利润为

$$\pi_f = z - t - c_h \tag{5-39}$$

市场规模比较小时，其利润为

$$\pi_f = \frac{(z - c_h)^2}{4t} \tag{5-40}$$

（2）当 $p_h - p_f < t$ 时，旅行成本较高，意味着当地企业与跨国公司的产品差异较大，产品替代性下降，企业之间的竞争较弱，当地企业的利润有所提高，此时，跨国公司的并购价格为

$$p_A = \frac{(c_h - c_f + 3t)^2}{18t} \tag{5-41}$$

当地市场规模足够大时，跨国公司的利润为

$$\pi_f = z - t - c_h - \frac{(c_h - c_f + 3t)^2}{18t} \tag{5-42}$$

当地市场规模比较小时，跨国公司的利润为

$$\pi_f = \frac{(z - c_h)^2}{4t} - \frac{(c_h - c_f + 3t)}{18t} \tag{5-43}$$

## 5.2.4　新建投资与跨国并购的选择

跨国公司究竟是选择新建投资还是跨国并购的方式进入东道国市场，取决于在这两种进入方式下跨国公司的利润大小，如果跨国公司以新建投资的方式进入东道国市场所获得的利润，大于其以跨国并购的方式所获得的垄断利润，则跨国公司肯定会选择新建投资的方式进入，反之，则会选择跨国并购的方式进入。由前面的分析可以得知，决定跨国公司所得利润的有新建投资固定成本、跨国公司自身特有的成本优势、东道国的市场规模和市场竞争强度。

**1. 新建投资的固定成本与进入模式选择**

如果存在某一特定的固定投资成本 $\tilde{F}(z, c_h, c_f, t)$，这个特

定值会使跨国公司进行新建投资的利润为零，那么，当 $F < \tilde{F}$ 时，随着 $F$ 的增加，跨国公司会倾向于并购；当 $F \geqslant \tilde{F}$ 时，随着 $F$ 的增加，跨国公司则会选择不进入。

因为跨国公司进行新建投资的利润是随着其固定成本 $F$ 的增加而严格递减的，所以当 $F < \tilde{F}$、$F \geqslant \tilde{F}$ 时，跨国公司都不会选择新建投资。对于前一种情况，跨国公司会选择跨国并购；而在后一种情况，当东道国市场上不存在新建投资的威胁时，当地企业处于垄断地位，此时跨国公司如果进行跨国并购，则并购价格非常高，等于当地企业处于垄断地位时所获得的预期利润，因此跨国公司此时宁愿选择不进入。

**2. 跨国公司特有成本优势与进入模式选择**

如果存在某一特定边际生产成本 $\tilde{c}_h(z, c_f, t, F)$，对于 $F < \tilde{F}$，当 $c_h \leqslant \tilde{c}_h$ 时，跨国公司会选择并购的进入方式；当 $c_h > \tilde{c}_h$ 时，跨国公司会选择新建投资的进入方式。

对于跨国公司特有的成本优势，我们这里专指技术优势。当跨国公司的技术与当地企业的技术很相似，二者之间差异很小时，即跨国公司不存在成本优势，$c_h \leqslant \tilde{c}_h$，此时如果跨国公司选择并购，则必须使用当地企业的生产技术进行生产，因而能获得更高的垄断利润，而新建投资只能给跨国公司带来较低的利润水平，所以跨国公司会选择进行并购。当跨国公司的技术与当地企业的技术差异很大，即跨国公司存在成本优势，$c_h > \tilde{c}_h$，如果跨国公司进行并购，则只能使用当地企业的劣势生产技术进行生产，从而使自己的边际生产成本 $c_f$ 变为 $c_h$，随着 $c_h$ 的增加，并购的垄断利润相对下降，而新建投资的利润则相对上升（在固定成本不是很高的情况下，$F < \tilde{F}$），新建投资自然会成为跨国公司的最佳进入方式。

**3. 东道国的市场规模和进入模式选择**

如果存在一个特定值 $\tilde{z}(c_h, c_f, t, F)$，对于 $F < \tilde{F}$，当 $z \geqslant \tilde{z}$ 时，跨国公司会选择并购；当 $z < \tilde{z}$ 时，跨国公司会选择新建投资。

如前所述，消费者剩余是用来衡量市场规模的指标，消费者剩余增加意味着市场规模扩大，反之，则意味着市场规模缩小。很明显，消费者从消费中获得的总收益越高，即市场规模越大，则跨国公司通过并购所获得的垄断利润也就越高。在特定值 $\tilde{z}$ 以上，绿地投资的利润不再受 $z$ 的影响，因此，当 $z \geqslant \tilde{z}$ 时，并购优于新建投资。反之，当市场规模足够小时，随着 $z$ 的提高，绿地投资的利润会增加，此时，在固定成本不是很高的情况下，$F < \tilde{F}$，跨国公司会选择新建投资的进入方式。

**4. 东道国的市场竞争强度和进入模式选择**

如果存在一个特定值 $\tilde{t}$ $(z, c_h, c_f, F)$，对于 $z \geqslant \tilde{z}$ 和 $F < \tilde{F}$，当 $t \leqslant \tilde{t}$ 时，并购是跨国公司的最佳进入模式；当 $t > \tilde{t}$ 时，跨国公司会选择以新建投资的模式进入。对于 $z < \tilde{z}$ 和 $F < \tilde{F}$，无论是 $t \leqslant \tilde{t}$ 还是 $t > \tilde{t}$，新建投资都是最佳进入模式。

这里我们把市场竞争强度仅区分为高度竞争的市场和缺乏竞争的市场，适度竞争的市场暂时不予考虑。高度竞争的市场只能允许一个企业生存下来，而这个企业一定是成本最低利润最高的企业，其他企业将被迫退出市场。缺乏竞争的市场往往能允许两个企业同时存在，对于潜在进入者的最佳进入方式来说，主要取决于固定投资成本和东道国市场规模的大小。根据前面所述，我们用旅行成本 $t$ 作为市场竞争强度的衡量指标。$t$ 值越大，意味着跨国公司与当地企业的产品差异越大，产品的替代性越低，每个企业对附近消费者的垄断力加强，企业之间的价格竞争越来越弱，消费者对价格的敏感度下降，从而每个企业的最优价格更接近于垄断价格，从而均衡价格和均衡利润也就越高。也就是说，$t$ 值越大，市场竞争强度越弱。相反，$t$ 值越小，意味着跨国公司与当地企业的产品差异越小，产品的替代性越高，企业之间的价格竞争越激烈，从而均衡价格和均衡利润也就越低。也就是说，$t$ 值越小，市场竞争强度越强。

如果消费者的总收益很高，而新建投资的固定成本又很低，当市场竞争强度很高时，即 $t \leqslant \tilde{t}$ 时，跨国公司通过并购获得的垄断利润会很高，所以并购是跨国公司的最佳进入模式；相反，当市场竞争强度很低时，也就是 $t > \tilde{t}$ 时，并购价格和新建投资的利润都会提高，而并购所获得的垄断利润却在下降，因而在这种情况下，跨国公司会选择新建投资的方式进入。

如果消费者剩余相当低，当市场竞争很激烈时，新建投资的利润将很高，原因在于跨国公司拥有技术成本优势，新建投资会迫使当地企业退出市场，因而新建投资会是跨国公司的最佳进入模式；当市场缺乏竞争时，企业对消费者的市场势力增强，新建投资的利润会提高，所以跨国公司依然会选择新建投资的方式。

## 5.3　小　　结

本章首先介绍了国际市场进入模式的种类。其次，通过建立 Bertrand 模型，分析了追求利润最大化的跨国公司在面对反倾销壁垒时出口与对外直接投资之间的选择。分析中引入了成本优势差异的概念，结果表明了并不是只要东道国政府实施反倾销政策，跨国公司就必然进行跨越反倾销壁垒的对外直接投资，只有在跨国公司的成本优势可以转移，且新建固定成本小于征收反倾销税时的主要固定费用时，跨国公司才会进行跨越反倾销壁垒的对外直接投资；如果跨国公司的成本优势不可转移，则不论东道国政府采取什么反倾销措施，跨国公司都不会进行对外直接投资，而是会选择出口。

那么，当对外直接投资成为遭受反倾销壁垒的跨国公司的必然选择时，它会选择哪一种具体的直接投资方式（新建投资和跨国并购）进入东道国市场呢？本章利用豪泰林线性城市模型进行深入分析，得到如下结论：

1. 当新建投资的固定成本不断增加时，跨国公司会倾向于选择并购，但是这种情况的发生是有条件的，只有当新建投资的固定成本小于某一特定值，即固定成本不是很高时才会发生；如果新建投资的固定成本大于这一特定值，即固定成本很高时，并购反而会变得没有吸引力，跨国公司宁愿选择不进入。

2. 跨国公司特有的技术成本优势，通过与当地企业的技术进行比较，影响着其在新建投资和并购方式下各自的利润。当这种技术差异很小时，跨国公司能够通过并购获得垄断利润，所以会选择并购；当技术差异很大时，随着当地企业生产成本的增加，并购的垄断利润相对下降，而新建投资的利润则相对上升，所以跨国公司会选择新建投资的进入方式。

3. 东道国市场规模的大小对跨国公司进入模式的影响是确定的，我们根据消费者剩余的大小，把市场区分为规模较大的市场和规模较小的市场。在规模较大的市场上，通过并购获得的垄断利润较高，所以跨国公司会选择并购；在规模较小的市场上，随着消费者剩余的增加，新建投资的利润会增加，因而跨国公司会选择新建投资。

4. 东道国市场竞争强度对跨国公司进入模式的影响比较复杂，因为还受到消费者剩余这个因素的影响。在消费者剩余充分高的情况下，当市场竞争强度很高时，跨国公司通过并购获得的垄断利润会很高，所以并购是跨国公司的最佳进入模式；当市场竞争强度很低时，并购价格和新建投资的利润都会提高，而并购所获得的垄断利润却在下降，因而在这种情况下，跨国公司会选择新建投资的方式进入。在消费者剩余相当低的情况下，无论市场竞争强度高或低，新建投资都是跨国公司选择的最优进入模式，这一点非常有趣。

# 第6章

# 跨国公司应对反倾销壁垒的
# 特殊进入模式选择

## ——基于反规避的进入模式选择

## 6.1 规避行为、反规避措施和特点

规避和反规避，有广义和狭义两层含义。从广义上来说，包括对反倾销、反补贴、保障措施、特保和反垄断等的规避行为和反规避措施；从狭义上来说，只包含对反倾销的规避行为和反规避措施。本章谈论的规避就是对反倾销规避的简称，也就是仅论述狭义上的规避和反规避。

### 6.1.1 规避行为

**1. 规避行为的定义**

反倾销规避最早出现于20世纪70年代。当时，日本、韩国等新兴的工业化国家向欧美出口大量产品，却遭遇欧美的反倾销。为了绕开欧共体、美国对其电子、机械等产品征收高额反倾销税，日韩等国转为向欧美出口相关产品的零部件，在进口国内组装成相同的产品继续进行倾销，规避行为由此产生。

虽然各国对规避行为多有认识，但对规避行为的定义，各国没有一致的见解。从目前全球反规避立法的整体框架看，基本可分为三大

体系：（1）欧盟反规避法体系；（2）美国反规避法体系；（3）《邓克尔草案》（Dunkel Draft）体系。这三大体系都对规避进行了定义，但其评判标准却有所不同。

1995 年的欧盟第 384/96 号规则将规避定义为："规避行为是指由于一种行为实践、加工或劳动而使第三国（或原出口国）与欧盟之间发生的一种贸易方式上的改变，这种贸易方式的改变除了征收反倾销税的原因外，没有其他充分正当的原因或经济上的理由。同时要有证据表明这种贸易方式的改变使得征收的反倾销税的补救效果正在受到破坏，并且以原来反倾销调查中为相同或相似产品确定的正常价值为标准计算，有证据表明存在倾销。"因此，在欧盟的立法者看来，规避的特征在于：第一，规避是一种贸易方式的变化；第二，此种贸易方式的变化的唯一理由在于规避反倾销税；第三，此种规避破坏了征收反倾销税所应有的矫正效果；第四，以前就存在着相似或者相同产品在第三国倾销的行为。这一定义将所有基于原倾销行为、规避反倾销税的行为均纳入其中。就该定义而言，难以预测本条反规避措施的适用范围，只要符合上述特征，就有可能适用。

美国反规避立法没有明确规定规避行为的定义，但在 1988 年的《综合贸易与竞争法》中列举了四种规避措施，包括在美国组装规避、第三国组装规避、细微改变产品规避、后期改进产品规避。与欧盟相比，美国的反规避条款将规避种类类型化，便于反倾销机构的实际运作，有利于当事人判定自己行为的性质。

1991 年 12 月，乌拉圭回合谈判总协定协调人邓克尔（Arthur Dunkel）提出《关于关贸总协定反规避守则的最后协议草案》（即"邓克尔草案"）。在该草案中，一个最引人注目的内容就是吸收了欧、美反倾销法中的反规避条款，并对规避的概念进行了描述："出口经营者在其产品被裁定有倾销并被采取征收反倾销税等反倾销措施的情况下，将该产品化整为零，将零部件出口到采取反倾销措施的进口方，再经组装之后进行销售"。应当说这一定义的界定是较为清晰的，但其涵盖范围较为狭窄。因为它没有包含针对轻微改变和后期开发的产品的规避，因此，美国在这一点上与邓克尔草案的定义分歧较大。

**2. 规避行为的主要方式**

通过对欧美反规避立法及实际中出现的规避方式的总结，目前主要有以下四种典型的规避方式：

（1）进口国组装规避。进口国组装规避在美国被称为"零件倾销"，被认为是现行最主要的规避方式。它是指出口商为故意避免制成品在进口国被征收反倾销税，而将该产品的零部件或组装件出口到进口国，并在进口国组装后进行销售的行为。主要是利用制成品与零部件在各国海关税则分类上不属于同一海关税则之内，从而得以规避反倾销税的征收。

（2）第三国组装规避。第三国组装规避是指出口商因其产品被进口国征收反倾销税，为绕过反倾销税，将产品的制成阶段转移到第三国进行，然后从第三国将产品以第三国产品的身份再向进口国出口。这种规避主要是利用产品的第三国身份改变产品的原产地，从而规避对反倾销税的征收。欧盟第 3238/94 号规则首次将其反规避措施扩展到包括第三国组装规避。

（3）产品轻微改变规避。所谓产品轻微改变规避是指对被征收反倾销税的产品进行非功能性的改变，例如仅仅对产品的功能或外观加以改变，或将产品进行轻微加工，而这种改变不会导致产品的最终用途、物理特征以及消费者购买的选择发生相应的改变。美国《1988 年综合贸易与竞争法》认为：一项产品的改变只是为了规避反倾销税，则可将该产品纳入原被征收反倾销税的产品范围内，课征反倾销税，而不论这"两种商品"是否属于同一海关关税的分类范围。实际上，美国认为"轻微改变产品与原产品乃同一种或同一类产品"。

（4）后期改进产品规避。后期改进产品规避源于日本向美国倾销手提打字机一案。1980 年美国对日本出口美国的电动手提打字机征收反倾销税，后日本输往美国的打字机改进为电子手提打字机，并附有记忆及计算机功能——引起了是否应该对后期改进的电子手提打字机征收反倾销税的问题。美国国际贸易法院认为，后期改进产品的附加功能仅仅对消费者提供一种选择性功能，而不是该商品的必要功能，不能改变产品的原有主要用途，并且其价值在这种商品中所占比例不大。

### 6.1.2　反规避措施

反规避（anti-circumvention）是进口国为限制国外出口商采用各种方法排除反倾销法的适用而采取反规避的法律救济措施。反规避措施的基本特点是：（1）反规避措施是反倾销措施的补充和完善。反倾销为核心的公平竞争原则的目的，就是为各国提供公平竞争的法律规则和避免受到倾销损害的法律保护，以便有效地推动贸易自由化的进程。（2）反规避措施是针对规避反倾销措施的行为而采取的一种惩罚性措施。反规避作为反倾销的当代延伸，既要遵循反倾销的原则和措施，更要对规避反倾销措施的行为做出及时和恰当的反应。如果规避反倾销措施的行为经调查认定属实，则可以将原反倾销税措施的实施对象扩展延伸到采取规避手段继续向进口方出口的产品上。（3）反规避措施是多边贸易体制赋予各国的一项合法权利。虽然在理论和实践中国际上对反规避措施的认识还存在着争论，但是，在国际反倾销实践中，反规避措施已经得到多数国家的认同。尽管一些国家在反规避问题上一些法律法规侧重点有所不同，有些还不够完善，但是反规避作为一项合法权利已经纳入国际反倾销的法律体系轨道运营。

### 6.1.3　反规避特点

**1. 反规避的实施主体是一国的政府或者有关部门**

首先因为反规避是反倾销的一种延伸，故而规避行为的主体与倾销的主体是具有同一性或者关联性的。那么针对规避行为实施反规避的措施的主体也应当与实施反倾销措施的主体具有同一性或者关联性，在反倾销法中，反倾销措施通常由一国行政机关来实施，例如欧盟的部长理事会和委员会，美国的商务部和国际贸易委员会，加拿大的海关和税务部，中国的商务部和海关总署等，在反规避的措施中各国的国内法对于其实施的主体规定不一，但和实施反倾销措施的主体都相关联，通常为一国的政府或专门负责反规避的部门。

**2. 反规避的产生建立在经济全球化的基础之上**

经济全球化是指不同国家的市场和生产日益相互依赖的过程，由于生产技术不断发展，国际化趋势越来越明显，以前只能由一个国家制造的产品，现在可以由几个不同的国家来进行共同生产，每个国家可以参与制造产品的某个或某些部件，最后将所有的零部件运到某一国进行装配。这使得规避行为变成了现实，各国可以通过比较优势的方法，来承担相对获益比较高的零部件的生产，使得每一部分的部件价格较低，最终产品的价值也较低。这样比一个国家生产全部的零部件制成品的价值要低很多，从而进口国就会感受到价格倾销的压力，从而实施反规避，故反规避现象的产生主要是建立在经济全球化的基础之上。

**3. 反规避已经逐渐成为一种新兴有效的国际贸易政策措施**

尽管各国法律在对规避行为的定义和范围上都存在有分歧，没有达成一致的结论，但是在反对规避行为这一原则上是一致的。作为反倾销的延伸，反规避是制止规避行为最行之有效的方法。首先，反规避调查的执法机关一般就是反倾销调查的执法机关，具有专业性，掌握有最新的第一手资料。其次，反规避调查的程序一般来说比反倾销调查的程序更加迅速，例如欧盟反倾销调查的时间在12个月内，而欧盟委员会反规避调查程序应当在9个月内结束，这样也提高效率，节省成本。再次，反规避调查的实体审查要比重新进行一次反倾销调查要简便，有利于打击规避行为，维护正常的国际贸易往来。世界范围内，欧美率先采用此种措施，而世界上其他国家如墨西哥、南非、新西兰也逐渐地开始转变观念，开始考虑反规避措施的重要意义。

**4. 反规避从产生以来就具有较大的争议**

反规避目前大多在各国的国内法中进行规定，而并没有成为一个国际上普遍适用的多边规则，因为在 WTO 层面对反规避问题进行讨论的时候，存在着关于反规避的合法性争议，引起了许多的争论。合法性问题的讨论应当始于 GATT 专家组在日本诉欧共体的反规避案件，涉及欧共体 1988 年反倾销和反补贴条例中的反规避条款。欧共体在一年内对日本的五大产品相继提出反规避调查，并对在欧共体境内组装的产品采取反倾销措施，日本对这项条款就产生了质疑。而在 GATT 对此案的裁定中，欧盟是败诉的，即 GATT 专家组认为反规避是违反了 GATT 的基本原则，但欧盟并没有因此而放弃其反规避的条款，而是对其内容进行了修改。

## 6.2 国际反规避的立法体系及措施

作为反倾销的延伸和发展，反规避也需要予以立法。但是由于反规避问题是 20 世纪 80 年代后才出现并逐渐增多的现象，所以目前各国关于反规避的立法还比较落后，并且大都将其包容在反倾销法之中。即便是 1986 年开始的乌拉圭回合谈判所达成的《1994 年国际反倾销公约》中，也未能就反规避问题的具体条款达成共识。因此反规避的现有立法从总体上说目前还是国内法，并且各自的国内法中反规避的具体条款又有很大的差异。

### 6.2.1 欧盟的反规避立法

**1. 欧盟反规避立法概况**

1987 年 6 月，欧盟当时的欧共体以 1761/87 号条例修改了它的 2176/84 号反倾销条例，该修订主要是针对出口商的 "零件倾销"（parts dumping）行为或 "螺丝刀式经营"（Screw Driver Operations）

方式而进行的。当时，某些日本或韩国的出口商，当他们的制成品，如照相机、复印机、电子打字机、电子秤以及液压挖土机等，在欧盟被征反倾销税以后，便转而在欧盟投资设厂或搞合营企业，然后把被征反倾销税产品的零配件出口到欧盟，由这些工厂或合营企业组装或加工成制成品，在欧盟内销售。由于欧盟征税的对象是制成品，零配件不属于制成品的相似产品，也不属于同一海关税则号之内，因此欧盟无法限制这类零配件的进口，然而，欧盟认为出口商这一行为是有意逃避欧盟征收反倾销税的措施，欧盟有关产业所遭受的损害不能缓解。于是制定了"改锥"条款，即第 1761/87 号反倾销条例中的反规避体条款。

　　然而，这还远不能够应付复杂的现实情况，对零件倾销征收反规避税后，出口商便把生产转移到第三国进行，以逃避反倾销税的发生。为了应对新的规避形势，1995 年起实施的欧共体理事会第 3283/94 号条例第 13 条对反规避问题做了进一步修改，并吸收了邓克尔草案中反规避条款的部分内容，较之以往更为具体、严密。

**2. 欧盟的反规避措施**

　　根据上述欧盟的反规避条例，可将欧盟的反规避措施归结为以下几个方面：

　　（1）针对在欧盟境内组装生产的规避措施实施"组装规则"。在欧盟境内组装生产，是指如果出口商在其产品被征收反倾销税后不再直接出口此产品，而将其零件出口到进口国，或者将一部分零件出口到进口国，另一部分零件由设在进口国内的关联企业生产，然后在进口国内组装成倾销的相同产品出售的行为。这被认为是一种规避反倾销税的行为。

　　具体来说，在欧盟进行产品装配的行为满足下列要件时，即构成规避：①自欧盟反倾销调查发起之后，或就在反倾销调查即将发起之时，该组装业务才开始或有大幅度增加，其衡量标志通常为一年增长 24%，两年增长 40%；②有证据表明，由于装配完成的产品的价格或数量，使对相同产品所征收的反倾销税的救济效果正受到损害，并且此等装配产品的价格相对此前对相同产品或相似产品确认的正常价值存在倾销的证据；③对在欧盟内组装或生产的相似产品征收反倾销税，前者的价值必须超过在欧盟组装或生产的相似产品所使用的所有零配件总价值的60%以上，这被称为"60%规则"。

（2）针对在第三国组装生产的规避措施实施"原产地规则"。所谓在第三国组装生产，是指倾销产品的出口商将零部件输入至第三国，并在第三国组装为成品后再出口到进口国，以取得该第三国之产品原产地证书，从而规避进口国对原产品征收的反倾销税。欧盟（欧共体）反倾销法中的"原产地规则"明确认定，如果从第三国进口的零部件是来自已经被征收反倾销税的产品的原产地国，则这种组装即构成规避反倾销税令的行为，并以有关原产地国的国内价格作为正常价值考虑制裁措施。也就是说，根据原产地规则，只要零部件的原产地国是已被征收实施反倾销税的相同产品的生产国，无论其在何国组装生产，都将依照反规避措施对其征收反倾销税。

根据欧盟第384/96号条例，从第三国进口的原被征收反倾销税的产品或其类似产品或其零部件满足下列条件时，即构成规避：①欧盟与该第三国的贸易方式发生了变化；②该变化没有充足的正当理由或经济原因，而只是由于征收了或即将征收反倾销税所导致的；③有证据表明该类似产品出口到欧盟的价格和/或数量破坏了征收反倾销税的矫正效果，并且有证据表明以对适用反倾销税的产品所确定的正常价值计算，该类似产品构成倾销。

（3）针对吸收反倾销税的情形实施"税的吸收原则"。所谓"吸收"，是指出口商向进口商提供补偿，全部或部分地承担了反倾销，这样进口商就能以被征收反倾销税以前的售价在欧盟市场上继续出售该产品。这使得征收反倾销税的制裁手段失去了功效。对此，欧盟现行的反倾销条例规定：只要调查结果表明受调查产品的零售价格并未因被征收了反倾销税而出现相应幅度的上涨，而这并非是由于成本的节省或利润的减少，就应当视作出口商吸收了反倾销税。应对该出口商再征收一定数额的附加反倾销税作为补偿，这种附加反倾销税具有溯及既往的出口的效力。

综上所述，欧盟的反规避立法在管制对象上不像美国那样细致全面，但是在一些诸如零配件价值计算方法等细节问题上，暴露出明显的歧视倾向，对于国际贸易及国际投资的影响不可低估。

### 6.2.2　美国的反规避立法

#### 1. 美国反规避立法概况

随着美国国内贸易保护势力的抬头以及出口商的不断规避反倾销税的行为，美国国会通过《1988 年综合贸易与竞争法》首次对反规避措施进行了立法。1994 年乌拉圭回合后，美国通过了《1994 年乌拉圭回合协议法》，对原有的贸易法规，包括《1988 年综合贸易与竞争法》进行了较多的修改，并对其中判断规避行为的标准进行了修改。随后，美国《1930 年关税法》根据《1994 年乌拉圭回合协议法》再次进行了修改。由此可见，美国有关反规避的法律条文主要集中在上述三个法律文件中。

#### 2. 美国的反规避措施

美国的反规避措施，主要针对以下几种情况：

（1）在美国生产或组装的产品。这里指一项进口的制成品，例如彩色电视机在美国被征反倾销税，此时出口商为不影响出口，改出口电视机的零配件或组装件，然后在美国组装后销售。在这种情况下，美国商务部可以把这种由进口的零部件或组装件组装成的产品，纳入被征收反倾销税产品的范围。至于可否直接向零部件征收反倾销税，则由商务部衡量，需考虑下面几个条件：①出口厂与美国的组装厂是否存在股份或资金等联系；②来自被征反倾销税的制成品的国家的组装件或原材料的进口量，是否在进口的制成品被征反倾销税后出现了增加；③进口的制成品与在美组装的制成品是否属于同种或同类。

（2）在第三国生产或组装的产品。即一项出口产品在被征收反倾销税以后，出口商为绕过反倾销税的制裁，把产品的制成阶段转移到第三国进行，然后以第三国的产品再向美国出口。此时，若发现在美国被征反倾销税的进口产品与上述第三国出口的产品是同类或同种产品，而且第三国的产品是由来自被征反倾销税国家的零部件所组装或制成，产品也未达到起码的增值要求或达到较高的阶段，即指在第三国组装成的产品的价值与来自原出口国的组装件或材料的价值之间的差额"小"，则原来颁行的有效的征收反倾销税令可以扩展适用于这些来自第三国的制成产品。

如果是第三国加工制造，即原出口国的零部件或组装件在美国被征反倾销税后，出口商先将这些零部件或组装件运送到第三国，在那里加工制造或组装，然后将制成品由第三国出口到美国。如果这类制成品达到了前面所述条件，商务部也将裁定其为一种规避反倾销税的行为，从而将原来颁行的对零部件征收反倾销税的命令扩展适用于这些来自第三国的制成品。

（3）商品的细小变化。商品的细小变化又称轻微改变产品，这一行为在《1988 年综合贸易与竞争法》中被认为是指一项出口产品在美国被征收反倾销税后，出口商通过对该产品进行轻微加工或作某些外观上的改变，再出口到美国以脱离被征税产品的范围，达到规避反倾销税目的的行为。根据美国反倾销法律的规定，这种形状和外表经过细小改变的产品，包括经过粗加工的农业产品在内，即使与原来被征收反倾销税的产品相比属于不同的海关关税税则序号的分类，仍应被纳入原来的反倾销税令中。并且美国商务部在进行这种决定时，无须与美国国际贸易委员会（ITC）磋商。

（4）后期发展商品。这是指一项出口产品在美国受到反倾销调查后其出口量又有新的增长，则此增长的产品成为"后增长产品"，即后期发展产品，而原来出口的产品则称为"前产品"。具体来说，只要某项已经被征反倾销税的产品的后期产品符合下列五项条件，即可纳入反倾销措施的征税范围：①后期产品与被征税产品在一般物理性能上相同；②消费者对两种产品的期待相同；③两种产品的最终使用目的相同；④后期产品通过相同的渠道销售；⑤后期产品的宣传广告及展示的方式已经与被征反倾销税的产品相同。

（5）下游产品。如果出口至美国的零部件、配件、组装件或原材料被征收反倾销税后，出口商改变做法而将上述零部件等加工成的半成品或成品向美国出口，这种半成品或成品就可能是规避倾销措施的下游产品。为了防止出口商这种潜在的规避行为，美国反倾销法授权商务部可以根据国内生产商的投诉，对这些下游产品进行监督，并视情况决定是否进行新的反倾销调查和征收反倾销税。但对下游产品进行监督的法定条件和程序要比上述其他规避行为严格，通常只适用于以下三种情况：①双方政府协定进行监视的产品；②对一个出口商的相互联系的产品已经进行过多次反倾销调查；③下游产品的倾销幅度超过15%。

（6）虚构的正常价值。这种情况是指出口商为了达到降低倾销幅度以逃避征收反倾销税的目的，而制造虚假的国内市场价格，从而人为地使其产品的出口价格高于其"正常价值的行为"。由于虚构的正常价格不能反映出口国市场的一般交易水平，因而不具有代表性，不能作为被控倾销产品的正常价值标准。所以，按照美国反倾销法的有关规定，只要出口商在反倾销令发布以后出口到美国的产品之正常价值发生了不同的变化，并因此降低了倾销幅度，则美国商务部即可将它作为建立虚假正常价值的证据，并决定不使用这一价格作为公平价格标准，改用该产品的结构价格来确定正常价值，从而达到阻止出口商规避反倾销税的目的。

总体而言，美国的反规避立法的实体法部分全面而缜密，将现实存在的各种规避形式都包括在内，并对各种规避行为的认定条件做了详细的阐述，但不足之处是大多数认定条件都缺乏具体量化的标准，而将定性问题留待相关调查部门在操作中根据个案决定。在程序法方面富有弹性，美国更强调商务部在规避的调查与认定中的作用，而虚化司法复议的作用。这种原则的初衷主要在于力图在尽量短的时间内对规避行为做出相应救济。在此原则的指导下，美国比其他任何国家都更强调在大多数情况下，当局可以不经过倾销与损害调查就将现行的反倾销令扩展适用于有规避行为的产品。

### 6.2.3　GATT 乌拉圭回合谈判对于反规避问题的规定

随着欧美反规避立法的产生和发展，世贸组织的反倾销协议中是否纳入反规避条款，就成为乌拉圭回合谈判中的重要议题。时任关贸总协定总干事的邓克尔作为谈判的主席，既要考虑到发达国家在反倾销方面的主导地位，又要照顾发展中国家的利益要求，因此在其于 1991 年 12 月提出的关于关贸总协定《反倾销守则》的讨论草案中，对反规避问题也有所涉及。该文本中有关反规避的规定实质上是以美欧为一方和以日本、新加坡、中国香港地区等为另一方妥协的产物。根据邓克尔草案中的有关条款，其反规避的内容主要包括两个方面：对进口国的规避和通过第三国出口的规避。

#### 1. 进口国组装规避

根据邓克尔草案的规定，如果满足以下条件，现行反倾销税令可以扩展至受反倾销税令约束的国家进口的零部件，并且无须重新进行调查。即：（1）在进口国，由这些零部件组装的产品与现行反倾销税令所约束的产品是相同的。（2）进口国组装业务是由与受倾销令约束的进口商或生产商有关系的，或代表他们从事活动的一方承担的。例如，双方之间存在组装或销售的合同或协议。（3）这些零部件来源于受反倾销令约束的国家，是由这个出口国的诸如出口商、生产商、历史上的供应商或代表生产商或出口商的各有关方供应的。（4）在原反倾销调查发起之后，进口国的组装业务已开始或急剧扩大，且以组装为目的的零部件的进口已经大量增加。（5）受现行反倾销税令约束的国家进口零部件，其总成本高于组装所使用的全部零部件的 70%，且进口国零部件的附加值低于产品出厂价的 25%。（6）通过进口国所组装的产品价格，低于现行反倾销令约束的相同产品的正常价值。（7）有证据证明采取反规避措施，对于阻止或抵消上述规避行为对生产同类产品的国内产业的持续性或反复性损害是必要的。如果存在第（2）~（7）项的情况，进口国反倾销调查当局还可以决定对零部件实施 150 天的追溯征税。

### 2. 第三国组装规避

如果受反倾销税令约束的国家的生产商或出口商，通过向不受现行反倾销税令约束的第三国出口零部件，或在第三国组装后，再通过第三国进入进口国，这种行为即属于通过第三国组装进行规避反倾销税令的行为。邓克尔草案将此情形分为两类加以规定：（1）出口商向第三国出售的这些零部件，存在满足上述第（2）~（7）项相同的条件，则通过第三国组装规避的行为就产生了。（2）零部件的价值虽然低于组装用的所有零部件价值的 70%，但只要满足以下条件，也属于通过第三国组装规避的行为：一是受现行的反倾销税令约束的国家的生产商，可以从第三国的生产商或出口商处取得重大利益；二是在原反倾销调查发起之后，从第三国进口的相同产品已急剧扩大，而从受反倾销税令约束的国家进口的相同产品相应地出现了衰减；三是第三国的生产是用早已存在的可以生产这种相同产品的设备进行的；四是进口国反倾销调查当局认为，这种从第三国进口的产品，严重破坏了现行反倾销税令抵御倾销损害的效果。

总体来说，GATT 乌拉圭回合谈判中的邓克尔草案的反规避内容，有简单明确、易于执行的特点，并且大致涵盖了国际贸易中的主要的规避形式，虽然各国未能就此问题达成共识，但由于其独特的地位和影响，成为很多国家在反规避问题上的立法蓝本。

## 6.3　基于反倾销规避的跨国公司进入模式选择

### 6.3.1　反倾销机制作用

假设在某进口国市场上只有两个企业，一个是跨国公司（出口国企业），另一个是进口国企业，它们都追求利润最大化。跨国公司的成本为 $C_f$，产量为 $Q_f$，利润为 $R_f$；进口国企业的成本、产量、利润分别为 $C_d$、$Q_d$、$R_d$；进口国市场价格为 $P$，$P = a - bQ_d$，且 $P' < 0$；$\xi$ 为跨国公司的倾销幅度；跨国公司与进口国企业生产的产品是同质的。

在进口国市场上竞争双方的利润分别为：

$$\begin{cases} R_f = (P - C_f - \xi) Q_f \\ R_d = (P - C_d) Q_d \end{cases} \qquad (6-1)$$

反应函数分别为：

$$\begin{cases} \partial R_f / \partial Q_f = P - C_f - \xi + P' Q_f = 0 \\ \partial R_d / \partial Q_d = P - C_d + P' Q_d = 0 \end{cases} \qquad (6-2)$$

由于竞争双方的产品是完全替代的，即任何一方销量上升必然导致另一方销量下降，则有：

$$\begin{cases} \partial^2 R_d / \partial Q_d \partial Q_f = P' + P'' Q_d < 0 \\ \partial^2 R_f / \partial Q_f \partial Q_d = P' + P'' Q_f < 0 \\ \partial^2 R_f / \partial Q_f^2 = 2P' + P'' Q_f < 0 \\ \partial^2 R_d / \partial Q_d^2 = 2P' + P'' Q_d < 0 \end{cases} \qquad (6-3)$$

并且

$$W = (\partial^2 R_d / \partial Q_d^2)(\partial^2 R_f / \partial Q_f^2) - (\partial^2 R_f / \partial Q_f \partial Q_d)(\partial^2 R_d / \partial Q_d \partial Q_f) > 0 \qquad (6-4)$$

此时有唯一古诺纳什均衡解。如果跨国公司被进口国征收反倾销税，对反应函数求全微分并应用克莱姆法则可求得：

$$\begin{cases} \partial Q_d / \partial \xi = -(P' + P''Q_d)/W > 0 \\ \partial R_d / \partial \xi = P'Q_d(2P' + P''Q_d)/W > 0 \\ \partial R_f / \partial \xi = -Q_f[1 + P'(P' + P''Q_d)]/W < 0 \\ \partial Q_f / \partial \xi = (2P' + P''Q_d)/W < 0 \end{cases} \qquad (6-5)$$

由此可见，跨国公司被征收反倾销税会导致其出口量和出口利润大幅下降，与反倾销税率成反比，而进口国企业则会扩大销量，增加利润。进口国的反倾销措施对跨国公司极为不利，因而追求利润最大化的跨国公司会想尽办法来规避进口国的反倾销壁垒。

## 6.3.2 反倾销与反规避威胁的可信性分析

由于跨国公司进入进口国市场在前，进口国政府实施反倾销反规避措施在后，那么进口国政府的反倾销与反规避威胁是否可信，直接会导致跨国公司进入策略的变化。我们用完全信息下的动态博弈进行分析。假定如下：

1. 我们把出口相同产品的跨国公司视为一个整体，作为博弈方1，把进口国政府和进口国生产相关产品的所有厂商视为一个整体，作为博弈方2。

2. 博弈中的次序。首先跨国公司出现倾销行为，进口国整体选择反倾销，接着跨国公司不甘坐以待毙，选择规避，进口国则进行反规避。总之，后者会根据前者的策略选择来调整自己选择的策略，前者也会理性预期到后者可能选择的策略，因此这是一个动态博弈。

3. 博弈中的信息。我们假定各博弈方都完全了解博弈双方各种情况下的得益，而且各博弈方都对自己选择前的博弈过程完全了解，也就是说这是一个完全且完美信息动态博弈。

4. 博弈双方所有可选策略。如果进口国市场上某种商品的自给率只有80%，剩下20%依靠进口。博弈方1有两种可选策略：倾销和不倾销。采取不倾销策略时，博弈方1得益为2，博弈方2得益为8；如果采取倾销策略，低价渗透，博弈方1的得益会增加，而且进口国由于竞争机制的引入，市场规模会进一步扩大。当然博弈方 2 不会无动于衷，可以采取反倾销策略，通过征收反倾销税来应对博弈方 1 的"不公平竞争"；也可以采取不反倾销的策略。同样，博弈方 1 会根据博弈方 2 的策略选择规避或不规避，继而博弈方 2 会选择反规避或不反规避。

如图 6 - 1 所示，博弈方 1 选择不倾销的后果，是与博弈方 2 二八分成，即（2，8）；如果选择倾销，双方可能的收益为（5，6）。如果博弈方 2 以反倾销回击，可以夺回自己失去的市场份额，但同时要扣除收集博弈方 1 信息的成本；而博弈方 1 经反倾销打击后，不仅失去已有的市场份额，还要支付倾销成本。所以，此时双方各自的收益为（- 2，7）；如果博弈方 2 选择不反倾销，则博弈方 1 通过倾销扩大市场份额成功，双方各自的收益为（5，6）。我们可以看到，对于博弈方 2 来说，选择反倾销给他带来的收益是 7 大于不反倾销下的收益 6，因此其最佳选择就是选择反倾销来应对博弈方 1 的倾销，此时博弈方 2 的反倾销威胁是可信的。

如果博弈方 1 为了追求最大利润而不放弃倾销，则其可选的策略就是去规避博弈方 2 的反倾销威胁，而博弈方 2 要决定是否反规避。如果博弈方 2 决定不反规避，则由于博弈方 1 的规避成功，会获得失去的市场，博弈方 2 则会失去已有的市场，双方各自的收益为（3，5）；如果博弈方 2 决定反规避，则在其夺回市场的同时，要扣除进行反规避的沉淀成本。同时博弈方 1 不仅失去已有的市场份额，还要支付规避成本，则双方此时的收益为（- 3，6）。很明显，博弈方 2 进行反规避的收益 6 大于不反规避的收益 5，所以博弈方 2 的反规避威胁是可信的。如图 6 - 2 所示。

如果当博弈方 1 倾销时，博弈方 2 选择反倾销时的收益为 6 小于不反倾销下的收益 7，如图 6 - 3 所示，则博弈方 2 不会选择反倾销策略，也就是说，博弈方 2 的反倾销威胁是不可信的，此时双方通过市场竞争，把"蛋糕"做大，结果是双赢的。

如果当博弈方 1 选择规避博弈方 2 可信的反倾销威胁时。博弈方 2 如果选择反规避措施，或是怕对方的报复，或是出于政治上的考虑，成本付出比较大，得不偿失，收益仅为 5，博弈方 2 就会选择不反规避下的较大收益 6，所以，此时博弈方 2 的反规避威胁是不可信的。如图 6-4 所示。

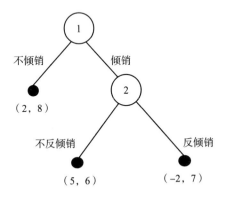

**图 6-1　反倾销：一个可信的威胁**

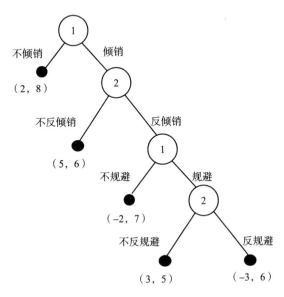

**图 6-2　反规避：一个可信的威胁**

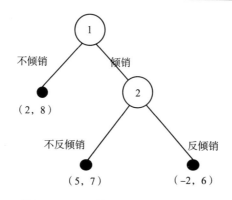

图 6-3 反倾销：一个不可信的威胁

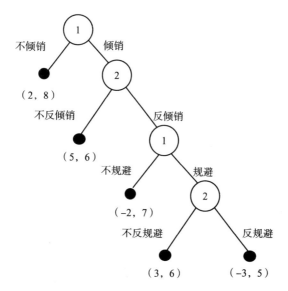

图 6-4 反规避：一个不可信的威胁

事实上，面对跨国公司的进入，进口国往往会从以下几个方面突出其反倾销反规避威胁的可信性：（1）征收高额的反倾销税。（2）高额的诉讼费用。在发达国家反倾销反规避诉讼中，其费用一般都很高。如美国反倾销案的一次裁决费用一般至少要高达 5 万美元。（3）替代国问题。在正常情况下，根据倾销幅度征收反倾销税和交纳诉讼费用都是可以预见的，但是进口国选择替代国的不可预见性和不合理性，为进口国提供了单方面操纵的机会，这是反倾销威胁成为可信的关键所在。

### 6.3.3　规避反倾销威胁的进入模式选择

面对进口国反倾销的可信性威胁，追求利润最大化的跨国公司会选择何种进入模式来规避反倾销威胁，我们运用完全信息动态博弈理论来进行分析。假设跨国公司进行反倾销规避的进入模式分别是：在进口国直接投资、在第三国直接投资生产再出口到进口国、先出口到第三国再出口到进口国。假设进口国政府和第三国政府对跨国公司实施国民待遇，对在本国投资的跨国公司与本国企业分别征收相同的收入税率 $t$、$t_1$。假设国内外企业处于完全信息市场中，但是他们的决策行为不是同时进行，而是由跨国公司根据国内企业所确立的产量来确定自己的产量，追求利润最大化。这样，就形成了在完全信息市场动态博弈中的双寡头垄断企业。同时假设在进口国市场上的反需求函数为：$p = a - bQ$，其中 $p$ 为进口国市场上的产品销售价格，$Q$ 为进口国市场上的产品销售量，$a$、$b$ 为常数。

#### 1. 在进口国直接投资

当跨国公司在进口国直接投资时，假设跨国公司在进口国市场上生产并销售的量为 $Q_{f1}$，在进口国投资生产产品的单位边际成本为 $C_{f1}$；进口国企业在自己本国市场上的销售量为 $Q_{d1}$，在本国生产产品的单位边际成本为 $C_d$。此时，进口国市场上总销售量为 $Q = Q_{f1} + Q_{d1}$，跨国公司同进口国企业一样只被征收收入税 $t$。

根据假设条件，跨国公司追求利润最大化公式为：

$$\max_{Q_{f1}} pQ_{f1}(1 - t) - C_{f1}Q_{f1} \tag{6-6}$$

进口国企业利润最大化公式为：

$$\max_{Q_{d1}} pQ_{d1}(1 - t) - C_dQ_{d1} \tag{6-7}$$

由于跨国公司是在进口国企业既定的产量 $Q_{d1}$ 下追求利润最大化，根据利润最大化条件，我们可以得到跨国公司的反应函数为：

$$Q_{f1} = [a(1-t) - b(1-t)Q_{d1} - C_{f1}]/2b(1-t) \qquad (6-8)$$

将（6-8）式代入（6-7）式，可得到进口国企业的产量均衡解为：

$$Q_{d1} = [a(1-t) + C_{f1} - 2C_d]/2b(1-t) \qquad (6-9)$$

由于假设国内外企业处于完全信息市场中，国内企业知道跨国公司在国内企业选择既定的产量下追求利润最大化，因此在进行决策时，应考虑国内企业的产量对跨国公司选择产量的影响。

将（6-9）式代入（6-8）式，可得到跨国公司的产量均衡解为：

$$Q_{f1} = [a(1-t) - 3C_{f1} + 2C_d]/4b(1-t) \qquad (6-10)$$

分别将（6-9）式和（6-10）式代入（6-6）式和（6-7）式，可得到跨国公司和进口国企业各自的利润均衡解：

$$R_{f1} = [a(1-t) - 3C_{f1} + 2C_d]^2/16b(1-t) \qquad (6-11)$$

$$R_{d1} = [a(1-t) - 2C_d + C_{f1}]^2/8b(1-t) \qquad (6-12)$$

**2. 在第三国直接投资生产再出口到进口国**

当跨国公司绕道到第三国直接投资生产再出口到进口国时，假设跨国公司在第三国投资生产再出口到进口国的销售量为 $Q_{f2}$，在第三国投资生产的产品的单位边际成本为 $C_{f2}$；进口国企业在自己本国市场上的销售量为 $Q_{d2}$，在本国生产产品的单位边际成本仍为 $C_d$。此时进口国市场上的总销售量为 $Q = Q_{f2} + Q_{d2}$。跨国公司被征收收入税 $t_1$。

跨国公司追求利润最大化的公式表达为：

$$\max_{Q_{f2}} pQ_{f2}(1-t_1) - C_{f2}Q_{f2} \qquad (6-13)$$

根据利润最大化条件，可得到跨国公司的反应函数为：

$$Q_{f2} = [a(1-t_1) - b(1-t_1)Q_{d2} - C_{f2}]/2b(1-t_1) \qquad (6-14)$$

进口国企业利润最大化公式为：

$$\max_{Q_{d2}} pQ_{d2}(1-t_1) - C_d Q_{d2} \qquad (6-15)$$

将（6-14）式代入（6-15）式，根据边际收益等于边际成本的利润最大化原理，可得到进口国企业的产量均衡解：

$$Q_{d2} = [a(1-t_1) + C_{f2} - 2C_d]/2b(1-t_1) \qquad (6-16)$$

进而可得到跨国公司的产量均衡解：

$$Q_{f2} = [a(1-t_1) - 3C_{f2} + 2C_d]/4b(1-t_1) \qquad (6-17)$$

把（6-16）式和（6-17）式分别代到（6-13）式和（6-15）式，可得到跨国公司和进口国企业各自的利润：

$$R_{f2} = [a(1-t_1) - 3C_{f2} + 2C_d]^2/16b(1-t_1) \qquad (6-18)$$

$$R_{d2} = [a(1-t_1) - 2C_d + C_{f2}]^2/8b(1-t_1) \qquad (6-19)$$

### 3. 绕道先出口到第三国再出口到进口国

当跨国公司先将产品出口到第三国，再转道从第三国出口到真正的目标进口国时，假设跨国公司在第三国以及进口国市场上的销量为 $Q_{f3}$，在自己的国家里生产的产品的单位边际成本为 $C_{f3}$；进口国企业在本国市场上的销售量为 $Q_{d3}$，在本国市场上的生产成本为 $C_d$。同样有，进口国市场上的总销售量为 $Q = Q_{f3} + Q_{d3}$。

跨国公司追求利润最大化的公式为：

$$\max_{Q_{f3}} pQ_{f3} - C_{f3}Q_{f3} \qquad (6-20)$$

其反应函数为：

$$Q_{f3} = (a - bQ_{d3} - C_{f3})/b \qquad (6-21)$$

进口国企业利润最大化公式为：

$$\max_{Q_{d3}} pQ_{d3} - C_d Q_{d3} \qquad (6-22)$$

根据（6-21）式和（6-22）式，我们可得到进口国企业的产量均衡解：

$$Q_{d3} = (a + C_{f3} - C_d)/b \qquad (6-23)$$

把（6-23）式代入（6-21）式，可得到跨国公司的产量均衡解：

$$Q_{f3} = (a - 3C_{f3} + 2C_d)/2b \qquad (6-24)$$

根据 (6-20) 式、(6-22) 式、(6-23) 式、(6-24) 式,我们可分别得到跨国公司和进口国企业各自的均衡利润:

$$R_{f3} = (a - 3C_{f3} + 2C_d)^2/4b \qquad (6-25)$$

$$R_{d3} = (a + C_{f3} - C_d)^2/b \qquad (6-26)$$

当跨国公司遭遇到进口国的反倾销威胁,且这种威胁是可信的时候,选择何种进入模式来规避这种反倾销威胁,取决于其在各种进入模式下所取得的最大利润,获取利润最大的模式会成为跨国公司规避反倾销的最佳进入模式。即当 $R_{f1} > R_{f2}$, $R_{f1} > R_{f3}$ 时,也就是 $\dfrac{[a(1-t) - 3C_{f1} + 2C_d]^2}{16b(1-t)} > \dfrac{[a(1-t_1) - 3C_{f2} + 2C_d]^2}{16b(1-t_1)}$, $\dfrac{[a(1-t) - 3C_{f1} + 2C_d]^2}{16b(1-t)} > \dfrac{(a - 3C_{f3} + 2C_d)^2}{4b}$ 时,跨国公司会选择在进口国直接投资来规避反倾销;反之,则会选择绕道第三国来规避。更具体地说,在所征收的收入税小于1的情况下,当进口国对跨国公司所征收的收入税大于第三国对其所征收的收入税,且跨国公司在进口国投资生产的成本小于其在第三国投资生产的成本和在本国生产的成本,跨国公司才会选择在进口国直接投资生产;反之,则会选择绕道第三国。当 $C_{f2} < C_{f3}$ 时,跨国公司在第三国投资生产的成本要小于其在本国生产的成本,即 $R_{f2} > R_{f3}$,基于利润最大化的考虑,跨国公司会选择在第三国投资生产再出口;反之,则会选择先出口到第三国再出口到目标国。

## 6.4 案例分析——钢铁行业规避反倾销壁垒的进入模式

钢铁工业是国民经济的基础产业,历来就有"工业骨骼之称"。对国民经济各个部门的发展具有至关重要的战略意义:首先,钢铁工业是国民经济的支柱产业之一,钢铁工业的发展关系到能源业、采掘业、制造业以及制造业等国民经济的其他重要部门。其次,钢铁工业的发展影响着一国的工业化进程,钢铁工业的发展水平直接体现着一国生产力的发达程度。最后，钢铁工业是一国国防科技的重要支撑，对军事工业的发展起着不可忽视的作用。因此，即使钢铁行业是"夕阳产业"，各国也不愿放弃对其进行保护，在世界范围内钢铁贸易摩擦此起彼伏，愈演愈烈。

## 6.4.1　国际钢铁产品反倾销

历史上钢铁产品的反倾销经历了两次大的浪潮，分别是：两次大战期间、第二次世界大战后 80 年代末至 20 世纪末，其中后者规模最大，范围最广。第二次世界大战后钢铁产品反倾销的主要发起国是美国、欧共体、加拿大和澳大利亚这四个发达国家。从欧共体和美国各自的反倾销报告来看，钢铁及有色金属部门是典型的相互倾销部门，产品也大体相近，主要是钢（包括不锈钢）、铁、铜和铝等的板材、管材、线材、构件、铸件以及炊具、刀具等。正因为如此，生产和需求一有波动或发生危机，便会引起大批反倾销起诉。

根据 WTO 统计，从 1999 年到 2009 年间，世界钢铁行业的反倾销案件共 1 528 起，采取措施的有 1 284 起，世界平均的反倾销措施率为 84%。其中 1999 ~ 2001 年，全球钢铁的反倾销调查和措施数量基数较大，分别为 173 起和 134 起、161 起和 140 起以及 189 起和 170 起，2001 年，全球钢铁的反倾销调查数量和措施数量均达到历史最高峰；之后的 2002 ~ 2007 年间，反倾销调查和措施数量总体呈下降趋势，2008 年反弹至 148 起和 125 起，但 2009 年又下降至 87 起和 35 起。详见表 6 - 1 和表 6 - 2。

表 6 - 1　　　　　　　各国钢铁行业遭受的反倾销调查数量

| 年份 | 中国 | 美国 | 韩国 | 印度 | 23 国 | 合计 |
|---|---|---|---|---|---|---|
| 1999 | 10 | 3 | 17 | 8 | 135 | 173 |
| 2000 | 9 | 1 | 18 | 11 | 122 | 161 |
| 2001 | 14 | 2 | 21 | 10 | 142 | 189 |

续表

| 年份 | 中国 | 美国 | 韩国 | 印度 | 23 国 | 合计 |
|---|---|---|---|---|---|---|
| 2002 | 13 | 0 | 18 | 9 | 123 | 163 |
| 2003 | 11 | 4 | 22 | 12 | 126 | 175 |
| 2004 | 12 | 1 | 12 | 10 | 103 | 138 |
| 2005 | 16 | 1 | 9 | 6 | 93 | 125 |
| 2006 | 11 | 1 | 5 | 10 | 54 | 81 |
| 2007 | 19 | 0 | 9 | 9 | 51 | 88 |
| 2008 | 25 | 3 | 19 | 8 | 93 | 148 |
| 2009 | 22 | 2 | 10 | 5 | 48 | 87 |
| 合计 | 162 | 18 | 160 | 98 | 1 090 | 1 528 |

数据来源：根据 WTO 反倾销数据库计算。

表 6 - 2　　　　各国钢铁行业被实施反倾销措施的数量

| 年份 | 中国 | 美国 | 韩国 | 印度 | 23 国 | 合计 |
|---|---|---|---|---|---|---|
| 1999 | 5 | 3 | 13 | 7 | 106 | 134 |
| 2000 | 9 | 0 | 14 | 10 | 107 | 140 |
| 2001 | 11 | 2 | 19 | 9 | 129 | 170 |
| 2002 | 12 | 0 | 14 | 8 | 120 | 154 |
| 2003 | 10 | 4 | 17 | 10 | 119 | 160 |
| 2004 | 6 | 1 | 11 | 9 | 84 | 111 |
| 2005 | 12 | 1 | 9 | 6 | 80 | 108 |
| 2006 | 7 | 1 | 5 | 7 | 50 | 70 |
| 2007 | 17 | 0 | 8 | 6 | 46 | 77 |
| 2008 | 14 | 3 | 18 | 7 | 83 | 125 |
| 2009 | 9 | 1 | 3 | 4 | 18 | 35 |
| 合计 | 112 | 16 | 131 | 83 | 942 | 1 284 |

数据来源：根据 WTO 反倾销数据库计算。

表 6 - 1 和表 6 - 2 说明：在 20 世纪末，全球贸易形势严峻，各国出口竞争激烈，贸易摩擦不断加大。至 21 世纪初，国际经济

形势回暖，各国贸易朝良好合作态势发展。但在 2008 年，由于美国的次贷危机而使得全球经济陷入金融危机，打破了这一格局，使形势直线扭转。此时，各国纷纷采取措施保护本国的产业，国际贸易环境进一步恶化。2008 年大幅度增长的反倾销调查和措施数量直接导致 2009 年各国间贸易往来减少，反倾销调查数量恢复到 2007 年的水平，且最终的反倾销措施数量仅有 35 起，不到 2007 年反倾销措施数量的一半。

国际钢铁产品反倾销诉讼有如下特点：

（1）就提起钢铁反倾销等贸易壁垒的诉讼国家而言，美国是采取反倾销等贸易壁垒最多的国家，欧盟和加拿大对于反倾销诉讼非常活跃，而中南美洲一些新兴工业国正逐渐加入到该行列，东南亚近年来采取反倾销调查和措施案件也急速上升。就被起诉国而言，中国和韩国已经取代俄罗斯和乌克兰，成为遭受世界钢铁反倾销调查和措施的主要国家。据统计，从 1996～2000 年，在全部 23 个提诉的国家中，有 19 个国家对俄罗斯和乌克兰出口的钢铁产品进行了反倾销调查，而 2001～2009 年，中国钢铁产品出口遭受的反倾销调查案件共 143 起，遭受反倾销措施 98 起，韩国分别为 125 起和 104 起。

（2）世界钢铁产品反倾销调查和反倾销措施案件总数呈加速上升趋势。近年来，无论是被反倾销立案国家数量、反倾销调查和反倾销措施案件数量均呈现逐年加速上升趋势。1999 年，反倾销调查和反倾销措施案件分别为 173 起和 134 起，而到了 2009 年，两者分别跃升至 1 528 起和 1 284 起，增加速度非常快。

（3）从涉案的钢铁产品品种来看，1996 年是以条钢和热礼钢板为主要反倾销调查和措施对象，具体有 5 个品种；1997 年则是以不锈钢钢材为主，涉案产品扩大到 8 个品种；1998 年主要是钢板和不锈钢钢材，约 10 个品种；1999 年再次以条钢和钢管为主，涉案品种达 13 个，创下当时的新纪录。而到了 2009 年，涉案产品以管材为主，具体涉案品种超过 30 种。

## 6.4.2 钢铁行业规避反倾销的进入模式

我们假设 A 国某钢铁公司进行跨国经营,东道国 B 国为保护本国的钢铁产业而对 A 国的钢铁产品实施反倾销壁垒;$\delta_B$ 为 B 国采取反倾销政策中产业界的游说能力;$T_A^B$ 为 B 国对 A 国的钢铁产品征收的反倾销税,$T_B$ 为 B 国征收反倾销税总额;$C_A^B$ 为 A 国钢铁的单位成本,$C_B$ 为 B 国本国钢铁产品总成本;

A 国钢铁产品在 B 国的市场价格为:

$$P = a_B - b_B Q_B \tag{6-27}$$

$Q_B$ 为其在 B 国的销量;

$R_B$ 为 B 国钢铁产品利润,

$$R_B = (P_B - C_B - T_B) Q_B \tag{6-28}$$

反应函数为:

$$\mathrm{d}R_B/\mathrm{d}Q_B = a_B - b_B Q_B - C_B - T_B \tag{6-29}$$

可求得古诺均衡解:

$$P_B^N = (a_B + C_B + T_B)/4 \tag{6-30}$$

$$Q_B^N = (3a_B - C_B - T_B)/4b_B \tag{6-31}$$

$$R_B^N = (a_B + C_B + T_B)^2/16b_B \tag{6-32}$$

B 国实施反倾销政策的目标函数为 $W_B$,

则

$$W_B = \delta_B(a_B - P_B^N)Q_B^N/2 + R_B^N \tag{6-33}$$

根据 (6-30) 式、(6-31) 式、(6-32) 式,我们可得到:

$$W_B = 1/32b_B[\delta_B(3a_B - C_B - T_B)^2 + 8(a_B + C_B + T_B - 4C_A^B - 4T_A^B)] \tag{6-34}$$

令 $dW_B/dT_A^B = 0$,可知 B 国对 A 国征收的最佳反倾销税

$$T_A^B = [3a_B(2 - \delta_B) + C_B(6 + \delta_B) - 8(C_B + 2C_A^B)]/(22 - \delta_B) \tag{6-35}$$

则

$$\frac{\mathrm{d}T_A^B}{\mathrm{d}C_A^B} = -\frac{10 - \delta_B}{22 - \delta_B} < 0 \tag{6-36}$$

　　由此我们可得知这样一个命题：A 国越具有成本优势，B 国实施反倾销措施的关税水平越高，且随着本国产业界游说能力的增强，其对 A 国实施反倾销措施的动机也越强。美国的钢铁反倾销案件就是典型的因为比较成本劣势和强大的产业游说能力而发起来的。

　　那么，A 国钢铁跨国公司如何规避 B 国的反倾销壁垒，是直接在 B 国进行直接投资还是绕道第三国，根据前面的分析，主要取决于 A 国钢铁公司在本国生产的成本和在 B 国以及第三国直接投资的生产成本。如果 B 国对前来直接投资的 A 国钢铁跨国公司所征收的收入税大于第三国对其征收的收入税，且 $C_{f1} < C_{f2}$，$C_{f1} < C_A^B$，则 A 国钢铁跨国公司会选择在 B 国直接投资；反之，则会选择绕道第三国：或在第三国投资生产后再出口到 B 国；或先出口到第三国，再出口到 B 国。这部分取决于 $C_{f2}$ 和 $C_A^B$ 的大小。如果 $C_{f2} < C_A^B$，A 国钢铁跨国公司在第三国投资生产的成本要小于其在本国生产的成本，即 $R_{f2} > R_{f3}$，基于利润最大化的考虑，跨国公司会选择前者；反之，则会选择后者。

　　事实上，在 20 世纪 80 年代中后期，日本大型钢铁公司为规避美国"钢材进口自愿限制协议"，大举收购美国钢铁企业的股份，90 年代又在中国和东南亚等地投资建厂，成为世界钢铁企业国际化战略的最早实施者。出于同样考虑，韩国浦项钢铁公司曾先后在澳大利亚、美国、加拿大、巴西等国合作开发矿山，一方面规避这些国家的反倾销，另一方面确保自身所需原料的稳定供给。2010 年，浦项钢铁公司从英美资源公司手中购买澳大利亚的萨顿森林（Sutton Forest）煤矿 70% 股份，在西澳铁矿石合资公司罗伊山（Roy Hill）的股份从 3.75% 提高到 12.5%。2011 年，浦项和韩国国家养老基金成立 8 000 亿韩元的海外收购基金，两家公司联合日本新日铁和 JFE 等，出资 18.3 亿美元，收购巴西一稀有金属矿（CMBB）15% 股份。浦项的目标是到 2014 年原料自给率从目前的 34% 提高到 50%。

# 6.5　小　　结

　　本章在对欧盟、美国，以及 GATT 乌拉圭回合谈判中邓克尔草案关于反规避的立法及反规避措施分析的基础之上，利用完全信息下的动态博弈理论，对跨国公司在反倾销壁垒下的特殊进入模式——规避反倾销的进入模式进行了分析，并辅以钢铁行业跨国公司的反规避进入模式的案例，得出相应结论：当跨国公司遭遇到进口国的反倾销威胁，且这种威胁是可信的时候，跨国公司选择何种进入模式来规避这种反倾销威胁，取决于其在各种进入模式下所取得的最大利润，获取利润最大的模式会成为跨国公司规避反倾销的最佳进入模式。具体而言，在所征收的收入税小于 1 的情况下，当进口国对跨国公司所征收的收入税大于第三国对其所征收的收入税，且跨国公司在进口国投资生产的成本要小于其在第三国投资生产的成本和在本国生产的成本时，跨国公司会选择在进口国直接投资生产；反之，则会选择绕道第三国。当 $C_{f2} < C_\beta$ 时，即跨国公司在第三国投资生产的成本要小于其在本国生产的成本时，基于利润最大化的考虑，跨国公司会选择在第三国投资生产再出口到目标国；反之，则会选择先出口到第三国再出口到目标国。

# 第 7 章

# 跨国公司应对反倾销壁垒的
# 特殊进入模式选择

—— 外资企业预销售与中国进口反倾销

　　中国实行改革开放 30 多年来，吸收外商投资以超常规的速度发展，取得了举世瞩目的成就。1993 年以来，中国连续多年成为发展中国家吸收外商投资最多的国家。进入 21 世纪以来，更是每两年就会跃上一个新台阶，2000 年和 2001 年实际使用外资分别为407.15 亿美元和 468.78 亿美元，此后十年间一路走高，除了 2009年因为金融危机的缘故，实际利用外资下降，但也高达 900 亿美元。2010 年更是高达 1 047 亿美元。2011 年吸引外国直接投资再创历史新高，达到 1 240 亿美元。

　　在我国大力吸引外资的同时，一些跨国公司出于占领中国市场的目的，对中国进行各种方式的低价倾销。除了采用传统的出口方式对我国进行倾销外，还利用我国外资领域的宽松政策，如预销售与跨国公司内部低价交易行为进行倾销。对于预销售中的低价倾销，我国政府可以采用征收反倾销税的措施；对于跨国公司内部低价交易行为，我国政府可以通过建立反倾销预警机制进行预防。在本章，我们重点研究在前一种情况下的跨国公司进入模式的选择与变动。

# 7.1　外资在华现状与特点

## 7.1.1　现　状

改革开放以来，我国实际利用外资额稳步增长。从历史的角度来看我国利用外资的状况，整个过程大致可以分为以下四个阶段：

（1）起始阶段：1979～1985 年。自 1979 年 7 月颁布的《中华人民共和国中外合资经营企业法》以来，对外商实施了许多的优惠政策，因此也促进了东部沿海地区引进外资格局的形成和发展，但这时期外商投资规模仍较小，发展缓慢。

（2）发展阶段：1986～1991 年。我国陆续颁发了一些关于外商投资的具体政策，总体投资环境也得到了进一步改善，但整体来说，其外资利用率还是比较低的。

（3）高速发展阶段：1992～1996 年。1992 年邓小平同志“南方谈话”，标志着中国经济发展战略的又一重大转折点。这一期间，1992 年、1993 年实际 FDI 额增长率分别高达 152.11% 和 149.98%，成为我国吸引外商投资最快的时期。

（4）回升阶段：1997 年至今。1997 年以来，受东南亚金融危机等因素影响，外商在华直接投资数额基本处于原地踏步的状况。并且 1999 年外商直接投资额还出现了改革开放以来的首次下滑，2000 年以后才得以恢复到稳步增长的状态。2010 年，全国外商投资项目为 27 406 个，累计达到 710 641 个，实际使用外资金额 1 057.35 亿美元，累计外商直接投资金额为 10 483.81 亿美元。

总体来说，我国外商直接投资虽然经历了一系列震荡，但仍呈现不断向上发展的趋势，如图 7-1 所示。

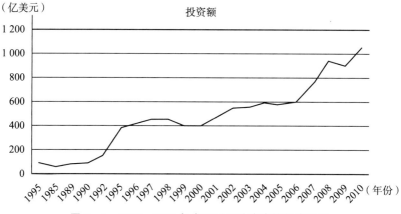

图 7-1 1979～2010 年中国利用外商直接投资趋势

## 7.1.2 特点

### 1. 国别特征

据国家商务部统计，2011 年亚洲十国/地区（中国香港、中国澳门、中国台湾、日本、菲律宾、泰国、马来西亚、新加坡、印度尼西亚、韩国）在华投资设立新企业 22 302 家，同比增长 1.11%，实际投入外资金额 1 005.17 亿美元，同比增长 13.99%；美国在华投资新设立企业 1 497 家，同比下降 5.01%，实际投入外资金额 29.95 亿美元，同比下降 26.07%。欧盟 27 国在华投资设立新企业 1 743 家，同比增长 3.26%，实际投入外资金额 63.48 亿美元，同比下降 3.65%，具体情况见表 7-1。

表 7-1 　　　　　2000～2010 年美国、欧盟、日本、
中国香港在华投资概况 　　　　单位：亿美元

| 年份 | 美国 | 欧盟 | 日本 | 中国香港 |
|------|------|------|------|----------|
| 2000 | 43.83 | 44.79 | 29.15 | 154.99 |
| 2001 | 44.33 | 41.82 | 43.38 | 167.17 |
| 2002 | 54.23 | 37.09 | 41.90 | 178.60 |

续表

| 年份 | 美国 | 欧盟 | 日本 | 中国香港 |
|------|------|------|------|----------|
| 2003 | 41.98 | 39.30 | 50.54 | 177.00 |
| 2004 | 39.40 | 42.39 | 54.51 | 189.98 |
| 2005 | 30.61 | 51.93 | 65.29 | 179.48 |
| 2006 | 29.99 | 54.39 | 47.59 | 213.07 |
| 2007 | 26.16 | 38.38 | 35.89 | 277.03 |
| 2008 | 29.44 | 49.94 | 36.52 | 410.36 |
| 2009 | 25.54 | 50.68 | 41.04 | 460.75 |
| 2010 | 30.17 | 54.83 | 40.83 | 605.66 |

由表 7-1 可以看出，来华外商直接投资中所占比重最大的仍是中国香港，尽管早期欧盟在华外商直接投资总额不及美国和日本，但是近年来保持较高的增长，这些表明，中国的投资环境在不断改善，欧盟各国对在华投资信心增加，中国由此获得更多发展契机。

**2. 行业特征**

总体来看，外商直接投资规模的产业分布也呈现出不平衡的特征，就三大产业而言，外商直接投资更青睐于第二产业，其次是第三产业，作为国民经济基础的第一产业所占比重很小（见表 7-2）；就产业密集程度来看，外商直接投资主要集中在劳动密集型产业，对于技术程度较高的资本和技术密集型产业投资较少，主要是由于外商在华投资的主要目的是获取高额利润，他们往往倾向于投资那些风险较小、时间较短、成本较少的产业。

表 7-2　　　　　　中国外商直接投资产业分布情况

| 年份 | 第一产业 | 第二产业 | 第三产业 |
|------|----------|----------|----------|
| | 比重（%） | 比重（%） | 比重（%） |
| 2002 | 2.85 | 73.98 | 23.17 |
| 2003 | 2.72 | 73.63 | 23.66 |
| 2004 | 2.59 | 72.21 | 25.20 |

续表

| 年份 | 第一产业 | 第二产业 | 第三产业 |
|------|----------|----------|----------|
| | 比重（%） | 比重（%） | 比重（%） |
| 2005 | 2.40 | 68.21 | 29.83 |
| 2006 | 2.29 | 62.01 | 35.70 |
| 2007 | 2.77 | 53.01 | 44.22 |
| 2008 | 3.33 | 44.66 | 52.01 |
| 2009 | 3.82 | 44.04 | 52.14 |
| 2010 | 3.39 | 42.40 | 54.21 |

就具体行业而言，外商直接投资集中在制造业和房地产领域（见表7-3），这两个领域投资额占总投资额的比重高达64%，尤其是制造业处于绝对优势地位，占43%，是中国吸引外商直接投资的最主要行业。导致这种状况的主要原因在于：

（1）农业是中国国民经济的基础，因其特殊的地位使得在吸引外商直接投资方面存在许多限制。

（2）中国是制造业大国，制造业在中国国民经济中占有重要地位，中国的制造业产品以其较低的价格在国际上具有较强的竞争力，吸引了很多外商投资者的目光，作为第三产业中的房地产也吸引较多的外资，从根本来看是利益的驱动使然。

（3）除了房地产外的第三产业外资投入较少，是因为中国服务业的发展起步较晚，尚不完善，整体服务业相较于发达国家而言水平较低，所以影响了外商直接投资的进入。

表7-3　　　　　中国外商直接投资具体行业分布情况　　　　单位：%

| 年份 | 2007 | 2008 | 2009 | 2010 |
|------|------|------|------|------|
| 行业名称 | 比重 | 比重 | 比重 | 比重 |
| 总计 | 100 | 100 | 100 | 100 |
| 农、林、牧、渔业 | 1.11 | 1.10 | 1.59 | 1.67 |
| 采矿业 | 0.59 | 0.53 | 0.56 | 0.60 |

续表

| 年份 | 2007 | 2008 | 2009 | 2010 |
|---|---|---|---|---|
| 行业名称 | 比重 | 比重 | 比重 | 比重 |
| 制造业 | 48.93 | 46.07 | 51.95 | 43.22 |
| 电力、燃气及水的生产和供应 | 1.28 | 1.57 | 2.35 | 1.85 |
| 建筑业 | 0.52 | 1.01 | 0.77 | 1.27 |
| 交通运输、仓储和邮政业 | 2.40 | 2.63 | 2.81 | 1.96 |
| 信息传输、计算机服务和软件业 | 1.78 | 2.56 | 2.49 | 2.17 |
| 批发和零售业 | 3.20 | 4.09 | 5.99 | 5.75 |
| 住宿和餐饮业 | 1.25 | 0.87 | 0.94 | 0.81 |
| 金融业 | 10.79 | 15.22 | 0.51 | 8.82 |
| 房地产业 | 20.46 | 17.16 | 18.66 | 20.91 |
| 租赁和商务服务业 | 4.81 | 4.67 | 6.75 | 6.21 |
| 科学研究、技术服务和地质勘查业 | 1.10 | 1.39 | 1.86 | 1.71 |
| 水利、环境和公共设施管理业 | 0.33 | 0.31 | 0.62 | 0.79 |
| 居民服务和其他服务业 | 0.87 | 0.53 | 1.76 | 1.79 |
| 教育 | 0.04 | 0.03 | 0.01 | 0.01 |
| 卫生、社会保障和社会福利业 | 0.01 | 0.02 | 0.05 | 0.08 |
| 文化、体育和娱乐业 | 0.54 | 0.24 | 0.35 | 0.38 |

### 3. 区域特征

总体来看，外资在华呈现出区域发展不平衡的特征，东部地区以其独特的地理位置、优越的自然条件、优惠的政策措施等条件吸引大批外商直接投资进入，形成东部外商直接投资数量过多，中西部明显不足的局面。据商务部统计数据显示，2011 年中国东部地区实际吸引外商直接投资数额为 966.04 亿美元，同比增长 7.51%，占当年外商直接投资总额的 83.27%；而西部地区实际吸引外资数额为 115.71 亿美元，同比增长 28.24%，占当年总额的 9.92%；中部地区实际吸引外资数额达到 78.36 亿美元，同比增长 14.26%，占当年中国吸引外商直接投资总额的 6.75%。从图 7-2 可以看出，东部地区继续以绝对压倒优势上升，中西部地区在总体数量上仍占据较小份额。究其原因主要是东部地区经济发展水平较高，继续吸引更多的外商直接投资进入，但随着劳动力成本的上升及资源需求的扩大，许多劳动密集型企业及资源密集型企业选择向中部地区转移，西部地区尽管自然资源十分丰富，但由于交通不便及人员稀少，许多基础设施尚不完善，许多外商直接投资不愿入驻，造成西部地区长期发展较慢，区域分布极为不平衡的局面。

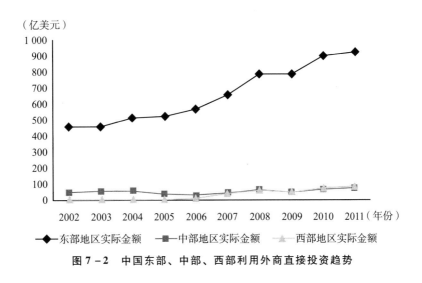

图 7－2　中国东部、中部、西部利用外商直接投资趋势

## 7.2　外资企业在华倾销与预销售

在中国打开国门大力引进外资的同时，外资企业也进入了在华大规模的生产、销售时期。但同时，外资企业销售时的倾销事实也大量浮出水面。

以感光材料为例，世界彩色胶卷业巨头日本富士、美国柯达竞相进军中国。1997 年，富士胶卷在日本国内市场售价为每卷 600 ~ 800 日元，在欧洲市场为每卷 6 ~ 8 美元，但出口到中国市场的到岸价格仅为人民币 7.5 元，市场零售价也只是 20 元左右，明显低于其他市场。柯达彩卷情况类似。同年度美国柯达彩色胶卷和彩色相纸国内批发价为每卷 2.9 美元和每筒 68.5 美元，折合人民币约为 23 元和 570 元，而抵达中国口岸的报关价为人民币 7.5 元和 291 元，仅相当于其国内价格的 33% 和 51%。面对国外企业的倾销，中国最大的感光材料企业乐凯胶片公司的彩卷市场占有率从 1993 年的 24% 下降到 1996 年的 19%，彩纸市场占有率由 27.7% 下降到 14%，鉴于乐凯拒绝控股合资，柯达公司已制定草原 2 号计划，计划从 1997 年开始 5 年内投入中国市场 15 亿美元而不求回报，目的是为了拖垮乐凯并打败富士。2010 年，因不堪国外胶片的低价倾销，乐凯胶片独家代表国内产业对进口相纸产品提起反倾销调查申请。商务部于 2010 年 12 月 23 日对此案进行立案调查。

在新闻纸领域，中国进口新闻纸的数量逐年上升，价格却显著下降。1995 年，中国进口新闻纸只有 4.9 万吨，1997 年则超过 40 万吨；1995 年新闻纸每吨为 649 美元，1997 年则降至 350 美元。而在美国和加拿大国内，新闻纸价格 1995 年约为每吨 637 美元，1997 年约为 550 美元。也就是说，销往中国的新闻纸每吨都比其国内价格低 200 美元左右，对我国国内的相关行业造成了极大的损坏，明显存在倾销。

1995 年以前，中国印刷出版业所使用的高级产品铜版纸基本依靠进口，国外厂商在中国市场一直赚取垄断利润。1999 年以前铜版纸在中国市场每吨单价可达 1.4 万元人民币以上，日本和韩国是中国最大的进口铜版纸来源国。但随着近年来国产铜版纸质量的提高，特别是 2000 年金东纸业铜版纸正式投产以来，国外铜版纸对中国市场的支配地位被彻底打破，国外铜版纸厂商便开始以低价倾销方式大量向中国输出产品。据海关统计资料显示，2000 年日本、韩国、美国、芬兰四国对华出口铜版纸平均价格约为每吨 781 美元，而 2001 年 1～8 月跌至 705 美元每吨。在进口铜版纸低价攻势下，中国国内厂商不得不随之降价，2001 年 1～8 月国内厂商价格较之上年同期下降了 13.7%。2003 年 8 月 6 日，中华人民共和国商务部发布 2003 年第 35 号公告，决定对原产于日本、韩国的进口铜版纸实施最终反倾销措施，实施期限为五年。自 2009 年 8 月 5 日起，继续对原产于日本和韩国的进口铜版纸实施反倾销措施，实施期限为五年。

新兴的行业产业面临同样的威胁。离心玻璃棉这一用于建筑业和工业管道的保温材料刚在中国建筑业中开始使用，世界上几个最大的跨国集团就纷纷采用倾销手段挤入中国市场。美国某跨国公司在广州的合资企业尚未建成时，就以其名义从国外子公司进口离心玻璃棉，其实际进口成本为 2 000 美元每吨，折合人民币为 1.6 万元每吨，却在中国市场上以人民币 1.1 万元每吨的价格进行低价销售。

还有领苯二酚行业，欧盟从 1999 年开始向中国出口，数量逐年递增，价格却只降不升（见表 7-4）。

表 7-4　　　　　　　　欧盟向中国出口领苯二酚数量及价格

| 年份 | 1999 | 2000 | 2001 |
| --- | --- | --- | --- |
| 数量（吨） | 911.69 | 2 275.55 | 3 934.48 |
| 占中国总进口量比例（%） | 77.99 | 88.17 | 98.82 |
| 占中国国内市场份额（%） | 75.98 | 80.19 | 91.90 |
| 单价（美元/吨） | 2 783.29 | 2 209.15 | 2 253.98 |

注：本表数据经商务部网站整理而得。

欧盟领苯二酚的倾销给我国相关产业造成了严重的损坏，致使国内同类产品生产增长受到抑制，始终处于亏损状态，产业投资收益率一直呈现负收益。有鉴于此，连云港三吉利化学有限公司代表中国领苯二酚产业向商务部正式提交了对原产于欧盟的领苯二酚进行反倾销调查的申请书，商务部已于 2002 年 3 月发布了立案公告，并于 2003 年做出裁定，对原产于欧盟的进口邻苯二酚征收 20% ~ 79% 不等的反倾销税，期限为 5 年。于是，欧盟各国纷纷转向通过美国、日本向我国大量倾销，2006 年 5 月 22 日，商务部认定原产于美国和日本的进口邻苯二酚存在倾销，并由此对中国的相关产业造成损害，决定自即日起，对原产于上述国家的该进口产品征收4%~46.81%不等的反倾销税，期限为5年。2012年，继续对原产于美国和日本的进口邻苯二酚实施反倾销措施，实施期限为5年。

2008年，美、韩等国和中东地区的厂商，为转移国内危机，纷纷把目光瞄准中国，以极低价格倾销其有机和合成树脂产品，严重干扰了国内市场。以10月底的线性低密度聚乙烯为例，其国外报价折合人民币约为8 511元/吨，比国内市场价格低了789元/吨。同时，聚丙烯国外报价7 234元/吨，比国内价格低1 366元/吨。另据海关数据显示，10月份丙烯进口均价为1 126.5美元/吨，折合人民币（按1∶6.8）比国内市场均价低约3 540元/吨；乙二醇进口均价为814.6美元/吨，折合人民币比国内均价低3 381元/吨；己内酰胺比国内价格低约2 600元/吨。

根据其他相关资料，近年来国外产品如钢材、成品油、机床、胶合板、计算机、食品饮料等在对华销售时都存在着倾销或倾销倾向，这不可避免地给我国相关产业的发展带来危害。

值得一提的是，跨国公司并不满足于销售的简单倾销，开始利用中国外资优惠政策中的预销售进行倾销。外资政策中对于允许、鼓励进入的跨国公司投资项目，我国往往并不严格规定跨国公司的先期营销行为。然而外资领域的宽松政策往往与我国进口反倾销存在潜在冲突。这是因为，按照外资优惠政策，跨国公司在我国投资大型项目时就同时要求我国允许其产品进行一定份额的预销售。预销售是指外国企业投资进入某一国家市场进行项目建设和投产之前的阶段，由外国公司从其他市场预先输入其拟在该国生产和销售的产品，为其在投产后的生产和销售争夺市场份额。在该阶段跨国公司大都采用渗透定价法进行市场前期拓展（即故意以较低的价格来出售产品，以刺激市场需求和提高市场的占有率的一种定价营销方式），以实现占有和维护市场份额的竞争策略。但这种销售方式与定价方法恰恰是倾销的典型表现，也必然成为我国进口反倾销的重点对象。如果是一个国内企业，预销售数量问题本来是企业自身的策略问题。但是在本章分析跨国公司进入中国市场在华投资兴办企业的情况下，这一问题就复杂化了。复杂化的原因在于：首先，预销售数量来自于跨国公司在海外的母公司或子公司，其性质主要是进口货物并在东道国市场销售；其次，预销售数量相当巨大，在中国市场所占份额较大。再次，预销售数量的价格相当灵活，跨国公司可利用其战略优势，采取低价策略进入中国。因此在具体分析中需要考虑这些因素。

## 7.3　中国政府进口反倾销

从 1997 年我国第一起反倾销申诉案——"新闻纸案"以来，截至 2011 年 3 月底，我国对进口产品发起的反倾销调查共 189 起，其中 177 起案件都是在加入 WTO 后提起的。十年间，我国已经成为同期世界上实施对外反倾销调查最多的国家之一。这表明随着中国的不断开放和世界的不断融合，国外产品对中国的冲击不断加大，中国越来越意识到运用 WTO 规则维护自身利益和产业安全的重要性，从而不断提高反倾销能力。

1997 年至 2011 年 3 月，中国发起的反倾销调查共涉及 26 个国家和地区。第一为美国、日本分别占 33 起（比重高达 48%）；位居第二为韩国，32 起（约占 46%）；名列第三则属欧盟，17 起（约占 25%）。其他分别有中国台湾地区 16 起，俄罗斯 11 起，新加坡 8 起，德国和泰国均为 5 起，印度尼西亚、马来西亚和印度均为 4 起，沙特阿拉伯、荷兰和法国均为 3 起，英国 2 起，哈萨克斯坦、中国台湾金马单独关税区、南非、伊朗、芬兰、墨西哥、加拿大、乌克兰、比利时、意大利、新西兰均为 1 起。不难看出，在中国反倾销涉案国家或地区中，工业实力强、应诉能力高的发达国家位居首列，尤以美、日最为突出。接着第二位是韩国，这与中韩之间贸易距离和贸易结构相关。首先，中韩之间地理位置接近，互相贸易密集，中国市场广阔，发展前景大，对韩国产品消化能力强。其次，韩国为扩大产品在亚洲及世界的影响力，对外贸易从价格和数量方面进行渗透。最后，中国产业结构与韩国存在不少相似之处，韩国产品在中国竞争压力大。为保持其在中国市场的份额，韩国采用低价冲击战略。

截至 2009 年，中国发起的 69 起反倾销案件共涉及 9 个行业的 61 种产品。主要涉案的行业集中在化工、钢铁冶金、汽车机电、造纸、纺织和食品这几大轻、重工业，包括了造纸 7 起、钢铁冶金 6 起、汽车机电 5 起、纺织 2 起和食品工业 2 起，仅化工业方面的就有 47 起案件，约占案件总数的 68.1%。这与中国成为 WTO 成员之后，中国的内、外贸易政策发展倾向有关。化工和钢铁冶金业虽然加大外来投资，但同时也是反倾销重点保护行业，因而对他们的反倾销申诉最多。另外，化工行业独有的特点也使外国倾销不断遭到申诉。这些特点表现在：一是中国市场容量大，对化工产品需求多，导致了低价倾销、抢占市场现象出现；二是化工在中国经济发展中的重要地位，国内企业多为中大型规模，实力雄厚，一旦发现倾销来袭，能够依靠其实力进行组织申诉，保护行业的权益不受损。

第一，从申请到立案期方面，在 69 起案件中，19 起可在一个月立案，45 天的有 11 起，而 35 起需要两个月的调查立案时间，有 3 起案件的立案期限不到半个月，但有 1 起时间较长，达 4 个月之久。第二，从立案到初裁期方面，69 起案件中的 46 起能在一年时间内进行初裁，19 起能在一年以上、一年半内进行初裁。可以看出，中国反倾销案件所需期限的规律是大致在两个月内立案，大致在一年完成调查。从以上两种时间间隔可以看出，中国处理反倾销案件时间长、效率不高，未能及时地对本国受损企业的利益进行保护。

在目前已终裁的 180 件反倾销案件中，因申请人撤销申请终止调查案件占 11 件，被调查产品未对国内产业造成实质损害而终止调查的案件占 23 件，而做出肯定性终裁案件的高达 146 件，占全部已终裁案件的 81.1%。由此可见，中国对外反倾销进行调查的进口商品大部分都存在倾销的事实。说明我国政府和企业正在由被动的"挨打"转向积极的"进攻"。这也许是加入 WTO 背景下政府开始产生的新的职能，或者说，原本在这一领域"缺位"的政府正在迅速地"补位"。中国的对外反倾销税征收幅度集中在 4% ~ 80% 内，只有 2003 年水合肼案件中对日、韩、美、法征收税率高达 184%，但总体而言，税率水平还是很低。

我国政府对外反倾销调查的现状可从表 7 - 5 中一览无余。

表 7 - 5　　　　　　中国对外反倾销立案调查案件概览

| 序号 | 涉案国家或地区 | 中国立案申请方 | 进口产品 | 申请时间 | 终裁时间 | 反倾销税 |
|---|---|---|---|---|---|---|
| 1 | 加拿大、美国、韩国 | 吉林造纸（集团）有限公司等 9 家公司 | 新闻纸 | 1997.11.10 | 1999.6.3 | 9% ~ 78% |
| 2 | 俄罗斯 | 武汉钢铁（集团）公司 | 冷轧硅钢片 | 未公布时间 | 2000.9.11 | 6% ~ 62% |
| 3 | 韩国 | 佛山杜邦鸿基薄膜有限公司等 6 家公司 | 聚酯薄膜 | 1999.3.16 | 2000.8.25 | 13% ~ 46% |
| 4 | 日本、韩国 | 太原钢铁（集团）有限公司等 3 家公司 | 不锈钢冷轧薄板 | 1999.5.17 | 2000.12.2 | 17% ~ 58% |
| 5 | 日本、美国、德国 | 上海高桥石化丙烯酸厂等 4 家公司 | 丙烯酸酯 | 1999.11.8 | 2001.6.9 | 24% ~ 74% |
| 6 | 韩国、美国、荷兰、法国、德国 | 中国自贡鸿鹤化工股份有限公司等 2 家公司 | 二氯甲烷 | 2000.11.21 | 2002.6.22 | 4% ~ 66% |
| 7 | 韩国、日本、泰国 | 汕头海洋第一聚苯树脂有限公司等 4 家公司 | 聚苯乙烯 | 2000.10.16 | 2001.12.16 因初裁倾销不成立，撤销该案 | 无 |

| 序号 | 涉案国家或地区 | 中国立案申请方 | 进口产品 | 申请时间 | 终裁时间 | 反倾销税 |
|---|---|---|---|---|---|---|
| 8 | 美国、韩国、印度尼西亚 | 广西桂元赖氨酸有限责任公司等 3 家公司 | 饲料级 L－赖氨酸盐酸盐 | 2001. 5. 17 | 2002. 9. 29 因初裁倾销不成立，撤销该案 | 无 |
| 9 | 韩国 | 中国化学纤维工业协会 | 涤纶短纤维 | 2001. 7. 23 | 2003. 2. 3 | 2% ~ 48% |
| 10 | 韩国 | 中国化学纤维工业协会 | 聚酯切片 | 2001. 6. 26 | 2003. 2. 3 | 5% ~ 52% |
| 11 | 韩国、马来西亚、新加坡、印度尼西亚 | 上海高桥石化丙烯酸厂等 3 家企业 | 丙烯酸酯 | 2001. 9. 11 | 2003. 4. 10 | 2% ~ 49% |
| 12 | 日本、比利时、德国、荷兰、俄罗斯 | 南京东方化工有限公司等 3 家公司 | 己内酰胺 | 2001. 10. 11 | 2003. 6. 6 | 5% ~ 28% |
| 13 | 韩国、日本、美国、芬兰 | 金东纸业（江苏）有限公司等 4 家公司 | 铜版纸 | 2001. 12. 29 | 2003. 8. 6 | 4% ~ 71% |
| 14 | 欧盟 | 连云港三吉利化学工业有限公司 | 邻苯二酚 | 2002. 1. 4 | 2003. 8. 27 | 20% ~ 79% |
| 15 | 印度、日本、韩国、 | 山东宏信化工股份有限公司等 5 家公司 | 邻苯二甲酸酐 | 2002. 2. 22 | 2003. 8. 31 | 1.4% ~ 66% |
| 16 | 俄罗斯、韩国、日本 | 齐鲁石油化工股份有限公司等 4 家公司 | 丁苯橡胶 | 2002. 3. 4 | 2003. 9. 9 | 7% ~ 38% |
| 17 | 俄罗斯、韩国、乌克兰、哈萨克斯坦、中国台湾地区 | 上海宝钢集团公司等 3 家公司 | 冷轧板卷 | 2002. 2. 20 | 2003. 9. 23 | 3% ~ 49% |

| 序号 | 涉案国家或地区 | 中国立案申请方 | 进口产品 | 申请时间 | 终裁时间 | 反倾销税 |
|---|---|---|---|---|---|---|
| 18 | 美国、韩国、日本、俄罗斯、中国台湾地区 | 上海氯碱化工股份有限公司等5家公司 | 聚氯乙烯 | 2002.3.1 | 2003.9.29 | 6%～83% |
| 19 | 美国、日本、韩国 | 河北沧州大化TDI有限公司 | 甲苯二异氰酸酯 | 2002.4.17 | 2003.11.22 | 3%～49% |
| 20 | 日本、韩国、美国、中国台湾地区 | 中国石油化工股份有限公司上海高桥分公司等4家公司 | 苯酚 | 2002.6.18 | 2004.2.1 | 5%～144% |
| 21 | 日本、韩国 | 山东烟台万华聚氨酯股份有限公司 | MDI | 2002.8.5 | 2003.11.28商务部决定终止调查 | 无 |
| 22 | 日本、美国、德国、伊朗、马来西亚、中国台湾地区、墨西哥 | 抚恒北方化工有限公司等2家公司 | 乙醇胺 | 2003.4.1 | 2004.11.14 | 9%～74% |
| 23 | 欧盟、韩国、美国、印度 | 四川鸿鹤精细化工股份有限公司等2家公司 | 三氯甲烷 | 2003.3.20 | 2004.11.30 | 32%～96% |
| 24 | 美国、日本、韩国 | 武汉长飞光纤光缆有限公司等2家公司 | 非色散位移单膜光纤 | 2003.5.7 | 2005.1.1 | 7%～46% |
| 25 | 中国台湾金马单独关税区 | 广东新会美达锦纶股份有限公司等14家公司 | 锦纶6.66长丝 | 2003.9.1 | 2005.4.28商务部决定终止调查 | 无 |
| 26 | 日本、美国、欧盟 | 重庆长寿化工有限责任公司等2家公司 | 氯丁橡胶 | 2003.9.8 | 2005.5.10 | 2%～151% |

续表

| 序号 | 涉案国家或地区 | 中国立案申请方 | 进口产品 | 申请时间 | 终裁时间 | 反倾销税 |
|---|---|---|---|---|---|---|
| 27 | 日本、韩国、美国、法国 | 湖南株洲化工集团翔宇精细化工有限公司等 2 家公司 | 水合肼 | 2003.10.17 | 2005.6.17 | 28% ~ 184% |
| 28 | 美国、泰国、韩国和中国台湾地区 | 东莞玖龙纸业有限公司等 4 家公司 | 未漂白牛皮箱纸板 | 2004.1.31 | 2005.9.30 | 7% ~ 65.2% |
| 29 | 俄罗斯、日本 | 无锡格林艾普化工股份有限公司等 2 家公司 | 三氯乙烯 | 2004.2.16 | 2005.7.22 | 3% ~ 159% |
| 30 | 日本、俄罗斯、新加坡、韩国和中国台湾地区 | 蓝星化工新材料股份有限公司 | 双酚 A | 2004.3.12 | 2005.11.7 商务部决定终止调查 | 无 |
| 31 | 日本、美国、英国、德国 | 蓝星化工新材料股份有限公司等 3 家公司 | 初级形态二甲基环体硅氧烷 | 2004.5.19 | 2006.1.16 | 13% ~ 22% |
| 32 | 美国、韩国、荷兰 | 吉林化学工业股份有限公司 | 三元乙丙橡胶 | 2004.6.16 | 2006.2.9 本案申请人撤案 | 无 |
| 33 | 日本、欧盟、美国 | 湖南海利株洲精细化工有限公司 | 呋喃酚 | 2004.6.16 | 2006.2.22 | 44% ~ 113.2% |
| 34 | 日本、韩国 | 广东肇庆星湖生物科技股份有限公司 | 核苷酸类食品添加剂 | 2004.9.13 | | |
| 35 | 俄罗斯、韩国、日本、美国 | 中国石化齐鲁股份有限公司等 2 家公司 | 环氧氯丙烷 | 2004.11.8 | | |

| 序号 | 涉案国家或地区 | 中国立案申请方 | 进口产品 | 申请时间 | 终裁时间 | 反倾销税 |
|---|---|---|---|---|---|---|
| 36 | 日本、新加坡、韩国、美国和中国台湾地区 | 山东烟台氨纶股份有限公司等3家公司 | 氨纶 | 2005.2.23 | | |
| 37 | 美国、日本 | 连云港三吉利化学工业股份有限公司 | 邻苯二酚 | 2005.3.31 | | |
| 38 | 日本、中国台湾地区 | 南通星辰合成材料有限公司 | PBT树脂 | 2005.4.12 | | |
| 39 | 美国、欧盟 | 郯城新鑫纸制品有限公司 | 耐磨纸 | 2005.4.14 | | |
| 40 | 韩国、沙特阿拉伯、日本、欧盟 | 中国石油化工股份有限公司齐鲁分公司等3家公司 | 辛醇 | 2005.7.15 | | |
| 41 | 俄罗斯、美国、南非、马来西亚、欧盟和日本 | 中国石油化工股份有限公司齐鲁分公司等3家公司 | 丁醇 | 2005.8.18 | | |
| 42 | 印度、中国台湾地区 | 黑龙江石油化工厂 | 壬基酚 | 2005.11.1 | | |
| 43 | 印度 | 西南合成制药股份有限公司 | 磺胺甲噁唑 | 2006.6.16 | | |
| 44 | 美国、欧盟 | 耐磨纸行业 | 耐磨纸 | 2006.6.16 | 2006.12.13 | 征收4.1%~42.8%的反倾销税 |

续表

| 序号 | 涉案国家或地区 | 中国立案申请方 | 进口产品 | 申请时间 | 终裁时间 | 反倾销税 |
|---|---|---|---|---|---|---|
| 45 | 美国、欧盟、俄罗斯和中国台湾地区 | 广东新会美达锦纶股份有限公司、宁波舜龙锦纶有限公司等 7 家公司 | 进口锦纶 6 切片 | 2009.3.2 | | |
| 46 | 沙特阿拉伯、马来西亚、印度尼西亚和新西兰 | 上海焦化有限公司等 14 家公司 | 进口甲醇 | 2009.6.24 | | |
| 47 | 欧盟 | 同方威视技术股份有限公司 | 进口 X 光线安全检查设备 | 2009.8.28 | | |
| 48 | 美国、欧盟 | 中国石油化工股份有限公司巴陵分公司和石家庄炼化分公司 | 进口己内酰胺 | 2010.3.22 | | |
| 49 | 日本、美国和欧盟 | 乐凯胶片股份有限公司 | 进口相纸产品 | 2010.11.8 | 2011.5.10 | |
| 50 | 美国、欧盟 | 德纳（南京）化工有限公司 | 乙二醇和二甘醇的单丁醚 | 2011.11.18 | 2013.1.28 | |
| 51 | 美国 | 宁波中华纸业有限公司、宁波亚洲浆纸业有限公司、中冶美利浆纸有限公司和山东晨鸣纸业集团股份有限公司 | 进口涂布白卡纸 | 2011.10.8 | | |
| 52 | 欧盟 | 江苏中能、江西赛维、洛阳中硅和重庆大全新能源 | 太阳能级多晶硅 | 2012.9.17 | 2012.11.1 | |

续表

| 序号 | 涉案国家或地区 | 中国立案申请方 | 进口产品 | 申请时间 | 终裁时间 | 反倾销税 |
|------|----------------|----------------|----------|----------|----------|----------|
| 53 | 印度、日本 | 安徽国星生物化学有限公司、南京红太阳生物化学有限责任公司、潍坊绿霸化工有限公司和南通瑞利化学有限公司 | 进口吡啶 | 2012.8.2 | | |
| 54 | 美国、加拿大和巴西 | 青山纸业、福建南纸等多家上市公司 | 进口浆粕 | 2013.2.6 | | |

注：根据《国际商报》公布的历次反倾销公告综合整理而得。

## 7.4 外资企业预销售与中国进口反倾销的博弈

我们运用动态博弈理论来分析外资企业利用预销售进行倾销和中国政府实施反倾销的行为，并做出如下假设：

1. 该外资企业所处的行业是一个具有几家厂商（包括中外厂商）竞争水平的寡占市场，也就是说，每个厂商的行为结果依赖于其他厂商的市场行为。同时认为每个厂商都存在静态或动态的规模经济，即各厂商都具有递减的边际成本曲线。

2. 政府对于外商投资企业采用一定的政策优惠，这种优惠是通过直接改变产业内厂商的成本函数来影响厂商行为，同时政府可以利用反倾销税的额度来调节外商投资企业的生产成本。

3. 假设外资企业在生产规模相对扩大和外资身份引致的间接成本下降（流通规模经济，非经济事务优免等），以及中资企业因生产规模相对减小和中资身份引致的间接成本上升。

4. 假设外资企业与中资企业生产的产品是同质的或者说是完全

可以替代的。

5. 假设外资企业与中资企业在 $[1, t]$ 期内不退出博弈，即双方都追求长期战略利益。

我们的分析是基于动态博弈框架的基础之上，标记 $T_p$ 为 0 - 1 变量，$p$ 为时序。$T_p = 1$，如果外资在预销售期进行倾销且在 $p + 1$ 期遭到中国政府的反倾销处罚，反倾销税为倾销幅度；$T_p = 0$，如果外资在预销售期进行倾销且未遭到中国政府反倾销指控。标记 $p$ 期中资企业成本为 $C_{p, 中}$，产量为 $Q_{p, 中}$，利润为 $W_{p, 中}$；外资企业的成本为 $C_{p, 外}$，产量为 $Q_{p, 外}$，利润为 $W_{p, 外}$。中国市场价格为 $P_{p, 中}$ $(Q_{p, 中} + Q_{p, 外})$。

在 $p$ 期中国市场上中资与外资企业利润分别为：

$$W_{p, 中} = [P_{p, 中}(Q_p) - C_{p, 中}]Q_{p, 中} \qquad (7-1)$$

$$W_{p, 外} = [P_{p, 中}(Q_p) - C_{p, 外} - T_{p-1}S_{p-1}]Q_{p, 外} \qquad (7-2)$$

其中 $S_{p-1}$ 为 $p-1$ 期的倾销幅度（如果没有倾销则为 0），$p$ 期反应函数如下：

$$\partial W_{p, 中}/\partial Q_{p, 中} = P_{p, 中} + P'_{p, 中}Q_{p, 中} - C_{p, 中} = 0 \qquad (7-3)$$

$$\partial W_{p, 外}/\partial Q_{p, 外} = P_{p, 中} - C_{p, 外} - T_{p-1}S_{p-1} + P'_{p, 中}Q_{p, 外} = 0$$

$$(7-4)$$

由于前面假设中资与外资企业的产品是完全替代的，所以 $\partial^2 W_{p, 中}/\partial Q_{p, 中}\partial Q_{p, 外} < 0$，$\partial^2 W_{p, 外}/\partial Q_{p, 中}\partial Q_{p, 外} < 0$；$\partial^2 W_{p, 中}/\partial Q^2 < 0$，$\partial^2 W_{p, 外}/\partial Q^2 < 0$，从而有：

$$\begin{cases} \partial^2 W_{p, 中}/\partial Q^2_{p, 中} = 2P'_{p, 中} + P''_{p, 中}Q_{p, 中} < 0 \\ \partial^2 W_{p, 外}/\partial Q^2_{p, 外} = 2P'_{p, 外} + P''_{p, 中}Q_{p, 中} < 0 \\ \partial^2 W_{p, 中}/\partial Q_{p, 中}\partial Q_{p, 外} = \partial^2 W_{p, 外}/\partial Q_{p, 中}\partial Q_{p, 外} \\ \qquad\qquad = 2P'_{p, 中} + P''_{p, 中}Q_{p, 外} < 0 \\ \partial^2 W_{p, 中}/\partial Q^2_{p, 中} < \partial^2 Q_{p, 中}/\partial Q_{p, 中}\partial Q_{p, 外} \\ \partial^2 W_{p, 外}/\partial Q^2_{p, 外} < \partial^2 Q_{p, 外}/\partial Q_{p, 外}\partial Q_{p, 中} \end{cases} \qquad (7-5)$$

$$H_p = \det \begin{bmatrix} \partial^2 W_{p,\text{中}}/\partial Q_{p,\text{中}}^2 & \partial^2 W_{p,\text{中}}/\partial Q_{p,\text{中}}\partial Q_{p,\text{外}} \\ \partial^2 W_{p,\text{外}}/\partial Q_{p,\text{外}}\partial Q_{p,\text{中}} & \partial^2 W_{p,\text{外}}/\partial Q_{p,\text{外}}^2 \end{bmatrix} < 0 \quad (7-6)$$

此时，（7-1）式~（7-4）式有唯一 Cournot - Nash 均衡解，我们将其记为 $P_{p,\text{中}}^{CN}(T_{p-1}S_{p-1})$ 和 $Q_{p,\text{中}}^{CN}(T_{p-1}S_{p-1})$，$Q_{p,\text{外}}^{CN}(T_{p-1}S_{p-1})$。如果外资在预销售期内（$p-1$）进行倾销，中国政府征收反倾销税，即 $T_{p-1}=1$，对（7-3）式~（7-4）式全微分并应用克莱姆法则，可得到如下关系式：

$$\begin{cases} \partial Q_{p,\text{中}}^{CN}/\partial S_{p-1} = -P'_{p,\text{中}}(P'_{p,\text{中}}+P''_{p,\text{中}}Q_{p,\text{中}})/H_p > 0 \\ \partial Q_{p,\text{外}}^{CN}/\partial S_{p-1} = P'_{p,\text{中}}(3P'_{p,\text{中}}+P''_{p,\text{中}}Q_{p,\text{中}})/H_p < 0 \quad (7-7) \\ \partial P_{p,\text{中}}^{CN}/\partial S_{p-1} = P'_{p,\text{中}} \cdot \partial Q_{p,\text{中}}^{CN}/\partial S_{p-1} > 0 \end{cases}$$

由此可得到命题1：当外资在预销售期内（$p-1$）进行倾销，中国政府征收反倾销税，会导致随后 $p$ 期国际市场价格上升，外资母国出口量下降，但中国国内企业产量则会扩大。

此时双方各自的利润分别为：

$$\begin{cases} \partial W_{p,\text{中}}^{CN}/\partial S_{p-1} = (P'_{p,\text{中}})^2 \cdot Q_{p,\text{中}}^{CN} \cdot (2P'_{p,\text{中}}+P''_{p,\text{中}}Q_{p,\text{中}})/H_p > 0 \\ \partial W_{p,\text{外}}^{CN}/\partial S_{p-1} = -Q_{p,\text{外}}^{CN}[1+(P'_{p,\text{中}})^2 \cdot (2P'_{p,\text{中}}+P''_{p,\text{中}}Q_{p,\text{中}})H_p] < 0 \end{cases}$$
$$(7-8)$$

其各自的利润最大化可表示为：

$$\begin{cases} \max W_{\text{中}} = W_{p-1,\text{中}} + \tau\xi\partial W_{p,\text{中}}^{CN} + \tau(1-\xi)W_{p,\text{中}}^{CN}(0) \\ \max W_{\text{外}} = W_{p-1,\text{外}} + \tau\xi\partial W_{p,\text{外}}^{CN} + \tau(1-\xi)W_{p,\text{外}}^{CN}(0) \quad (7-9) \\ \qquad + W_{p-1,0}(L_{p-1}) + \tau W_{p,0}(L_p) \end{cases}$$

其中 $W_{p,0}$ 为外资企业母国的国内利润，$L_p$ 为其母国国内销量，$\xi$ 为中国政府在预销售期内征收反倾销税的概率。

对（7-8）式求一阶微分，可得到：

$$\begin{cases} \partial W_{\text{中}}/\partial Q_{p-1,\text{中}} = \partial W_{p-1,\text{中}}/\partial Q_{p-1,\text{中}} + \tau\xi\partial W_{p,\text{中}}^{CN}/\partial S_{p-1} \cdot \partial S_{p-1}/\partial Q_{p-1,\text{中}} = 0 \\ \partial W_{\text{外}}/\partial Q_{p-1,\text{外}} = \partial W_{p-1,\text{外}}/\partial Q_{p-1,\text{外}} + \tau\xi\partial W_{p,\text{外}}^{CN}/\partial S_{p-1} \cdot \partial S_{p-1}/\partial Q_{p-1,\text{外}} = 0 \\ \partial W_{\text{外}}/\partial Q_{p-1} = \partial W_{p-1,0}/\partial L_{p-1} + \tau\xi\partial W_{p,\text{中}}^{CN}/\partial S_{p-1} \cdot \partial S_{p-1}/\partial L_{p-1} = 0 \end{cases}$$
$$(7-10)$$

分析 (7 - 10) 式，$\partial S_{p-1} / \partial Q_{p-1,\text{中}} = -P'_{p-1,\text{中}} > 0$，$\partial W_{p,\text{中}}^{CN} / \partial S_{p-1} > 0$，所以 $\partial W_{p-1,\text{中}} / \partial Q_{p-1,\text{中}} < 0$，也就是说在预销售期外资进行倾销会使中国国内企业利润下降，在中国政府实施反倾销后，中方企业利润将会上升；如果 $S_{p-1} > 0$，由于 $\partial S_{p-1} / \partial L_{p-1} = P'_{p-1,\text{中}} < 0$，$\partial W_{p,\text{外}}^{CN} / \partial S_{p-1} < 0$，可知 $\partial W_{p-1,\text{外}} / \partial Q_{p-1,\text{外}} > 0$ 以及 $\partial W_{p-1,0} / \partial L_{p-1} < 0$，也就是外资企业在预销售期进行倾销，会使其出口利润上升，但是其母国国内市场利润却会下降。我们可总结为命题 2 和命题 3。

命题 2：外资企业在预销售期内被征收的反倾销税越高，其所在母国的出口企业下期利润降低越大，而对中国国内企业则越有利。但是可能会影响到外商投资的热情。那么中国政府究竟征收多高的反倾销税，既能对外资企业起到警示和制裁作用，又不至于影响其投资的热情，后面我们将分析到。

命题 3：中国政府对外资企业在预销售期内实施反倾销的目的是激励本国企业提高产量，为对外反倾销和外资企业公平竞争创造条件，这种反倾销既有事前威胁作用也有事后制裁效应。

令 U 为效用函数，当外资企业在预销售期内进行倾销，中国政府实施反倾销时，由于反倾销税是由中国进口企业支付，因此反倾销税对中国和外资企业母国的国家福利都没有影响，所以中国的国家福利可表达为：

$$F_{p,\text{中}} = U(Q_p) - P_{p,\text{中}} Q_p + (P_{p,\text{中}} - C_{p,\text{中}}) Q_{p,\text{中}} \quad (7 - 11)$$

$$dF_{p,\text{中}} / dS_{p-1} = -(P'_{p,\text{中}})^2 \cdot Q_p [P'_{p,\text{中}} - \Psi_{p,\text{中}} (2P'_{p,\text{中}} + P''_{p,\text{中}} Q_{p,\text{中}})] / H_p \quad (7 - 12)$$

其中，$\Psi_{p,\text{中}} = Q_{p,\text{中}} / Q_p$，表示 p 期中方企业市场占有率。

我们可得到命题 4：当 $\Psi_{p,\text{中}} > (= \text{或} <) P'_{p,\text{中}} / (2P'_{p,\text{中}} + P''_{p,\text{中}} Q_{p,\text{中}})$ 时，中国政府实施反倾销政策会增加（不变或者减少）本国社会福利，且当倾销幅度越大，本国社会福利增加或减少越多。当 $\Psi_{p,\text{中}} \to 1$，即进口量微不足道时，由于 $dF_{p,\text{中}} / dS_{p-1}$ 与 $dQ_{p,\text{中}} / dS_{p-1}$ 成正比，则在中国实施反倾销政策后本国福利仍会得到改进。

也就是说外资利用预销售进行倾销的产品数量即使很少，中国政府也很有必要实施反倾销政策。

我们用 $\mu$ 和 $\lambda$ 分别表示产业优惠政策和政府政策变动（如征收反倾销税等）对外资企业厂商成本的直接影响，$\mu$ 和 $\lambda$ 符合以 0 为基准的连续分布规律。$\mu > 0$，则使得外资企业在成本上优于中资企业；$\lambda > 0$ 表明外资企业额外付出的税收成本高于中资企业。依据先前对外商投资政策和税收政策的界定，可用 $\alpha\lambda$ 表示政府政策变动（如开征反倾销税）对中资厂商单位产品成本的影响（其中 $0 < \alpha < 1$），则外资企业和中资企业的利润函数可另外表示为：

$$w_{中} = \sum_{i=1}^{\alpha} \left[ \pi_i(x) \right] = \sum_{i=1}^{\alpha} \left[ x_i p(x) - c_i(x_i) - \mu x_i + \alpha\lambda x_i \right]$$

$$= x_{中} p(x) - c_{中} x_{中} - \mu x_{中} + \alpha\lambda x_{中} \qquad (7-13)$$

$$w_{外} = \sum_{j=1}^{\beta} \left[ \pi_j(x) \right] = \sum_{j=1}^{\beta} \left[ x_j p(x) - c_j(x_j) - \mu x_j - \lambda x_j \right]$$

$$= x_{外} p(x) - c_{外}(x_{外}) + \mu x_{外} - \lambda x_{外} \qquad (7-14)$$

其中，$\pi_i(x)$ 是中资厂商 i 的利润函数，$\pi_j(x)$ 是外资企业 j 的利润函数，$x_1$，$x_2$，$\cdots$，$x_n$ 是在当前寡占市场中产品的组合，$p(x)$ 是寡占市场的反需求函数，$c_{中}(x_{中})$ 和 $c_{外}(x_{外})$ 分别是中资和外资企业的总生产成本，它们满足 $c'_{中}$，$c'_{外} > 0$；$c''_{中}$，$c''_{外} < 0$。

$p_i(t) = \dfrac{1}{\alpha e^{\beta_i t}}$ 其中 $t$ 表明时间节点 $t$ 时刻，$\beta_i$ 表明此时第 $i$ 个产品的售价，则 $p(x) = \displaystyle\int_0^\infty p_i(t) = \int_0^\infty \dfrac{1}{\alpha e^{\beta_i t}}$。

当政策变化时引起寡占市场 cournot 竞争，双方的利润目标函数分别为：

$$\max W_{中} = \max \sum_{i=1}^{\alpha} \left[ \pi_i(x) \right]$$

$$= \max\left[ x_{中} \int_0^\infty \frac{1}{\alpha e^{\beta_i t}} - c_{中}(x_{中}) - \mu x_{中} + \alpha\lambda x_{中} \right] \quad (7-15)$$

$$\max W_{外} = \max \sum_{j=1}^{\beta} \left[ \pi_j(x) \right]$$

$$= \max\left[ x_{外} \int_0^\infty \frac{1}{\alpha e^{\beta_i t}} - c_{外}(x_{外}) - \mu x_{外} - \alpha x_{外} \right] \quad (7-16)$$

如果对外资企业预销售当中的倾销行为征收反倾销税，则会产生调查立案成本及其他相关支出成本，假设为 $\gamma$，因此通过征收反倾销税对中资企业的受益 $\alpha\lambda x_{中}$ 应当变为 $\alpha\gamma\lambda x_{中}$，其中 $0 < \gamma < 1$。

这样，根据 Nash 均衡的一阶条件：

$$\begin{cases} \dfrac{\partial w_{中}}{\partial w_{外}} = p(x) + x_{中}\, p'(x) - c'_{中}(x_{中}) - \mu + \alpha\gamma\lambda = 0 \\[2mm] \dfrac{\partial w_{外}}{\partial w_{中}} = p(x) + x_{外}\, p'(x) - c'_{外}(x_{外}) + \mu - \lambda = 0 \end{cases} \quad (7-17)$$

由一阶条件确定的中资和外资企业反应函数的斜率为：

$$\begin{cases} k_{中} = -\dfrac{\dfrac{\partial^2 w_{中}}{\partial^2 w_{外}}}{\dfrac{\partial^2 w_{中}}{\partial w_{中} \partial w_{外}}} \\[6mm] k_{外} = -\dfrac{\dfrac{\partial^2 w_{外}}{\partial^2 w_{中}}}{\dfrac{\partial^2 w_{外}}{\partial w_{中} \partial w_{外}}} \end{cases} \quad (7-18)$$

由市场需求曲线判定：

$\dfrac{\partial^2 w_{中}}{\partial w_{中} \partial w_{外}} < 0$；$\dfrac{\partial^2 w_{外}}{\partial w_{中} \partial w_{外}} < 0$，同时 $\dfrac{\partial^2 w_{中}}{\partial x_{中}^2} > \dfrac{\partial^2 w_{中}}{\partial x_{中} \partial x_{外}}$；$\dfrac{\partial^2 w_{外}}{\partial x_{外}^2} > \dfrac{\partial^2 w_{外}}{\partial x_{外} \partial x_{中}}$

$\therefore k_{中} < 0$，$k_{外} < 0$，并且 $|k_{中}| \geqslant |k_{外}|$，所以均衡点为 $|k_{中}| = |k_{外}|$

根据（7-17）式、（7-18）式，我们可求得 $\lambda = p\alpha/k$，这是政府征收反倾销税的一个最基本的起征点。

　　综合上述分析，我们将外资企业看作博弈方1，中国政府看作博弈方2，可以用博弈树表示如图7-3所示。

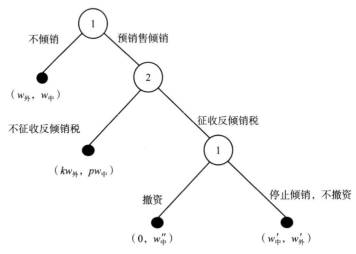

**图7-3　外资企业倾销和中国政府反倾销的博弈**

　　从动态博弈树的分析，可以很清楚地看出当外资企业不进行倾销的话，双方在 $|k_{中}| = |k_{外}|$ 时可以获得最优的总体利润 $w_{中} + w_{外}$，在这种情况下，中资企业的利润可以达到最大。因此，在实际操作中，政府通过制定一些法律法规完善市场竞争格局，预先警示试图进行情况下的外资企业，可以使得总体达到利润最优，以及保障中资企业的利益。当外资企业决定进行倾销的时候，由于市场格局被破坏，固然外资企业的利润总额变为 $kw_{外}$，与不倾销前相比利润增加 $(k-1)w_{外}$，而总体市场所损失的利润要 $(1-p)w_{中} - (k-1) w_{外} > 0$，因此，总体利润降低，而且中资的利润大幅降低。在这种情况下，如果政府不进行干预的话，最终中资企业将会被迫退出市场，而外资企业的利润仍然保持 $kw_{外}$，总体市场利润损失最大。如果政府通过征收反倾销税进行干预，并且以一定的形式对中资企业

进行补贴，则市场总体利润为 $(kw_外 - \lambda x_外) - w_外 + w_中 - (pw_中 + \alpha\lambda x_中)$，也就是说如果 $\lambda < p\alpha/k$，总体市场的利润虽然会造成损失，但在这种情况下外资企业仍然有利可图，所以不会停止倾销，因此 $\lambda = p\alpha/k$ 是政府征收反倾销税的一个最基本的起征点。如果政府征收的反倾销税过高，使得外资退出中国市场，虽然市场形成中资寡占市场，中资企业的利润增加，但市场成本及其他相关成本也增加，而且由于先前价格战导致的市场整体格局的破坏，市场总体利润 $w''_中 < w_中 + w_外$。如果外资企业因为被征收反倾销税而停止倾销，但不退出中国市场，则会重新形成 $|k_中| = |k_外|$，此时虽然市场受到一定破坏，中外资利润减少，但可以获得最优的总体利润 $w'_外 + w'_中$。

## 7.5 小 结

跨国公司是东道国吸引外国直接投资的主体，也是引资政策的主要承载者。从理论上分析，反倾销措施实施与引资政策冲突的根源来自东道国政府与跨国公司目标利益的不一致，跨国公司对外投资的目的是强化其全球市场竞争力，从而实现自身利润最大化。而东道国政府则试图促进本国经济发展，提高本国企业的全球竞争力，从而提高本国福利水平。追求全球市场垄断的跨国公司自然会与东道国提高本国企业的全球竞争力的目标相冲突。

本章分析了跨国公司进入中国市场时，利用预销售进行低价倾销，中国政府征收反倾销税对各自的影响以及是否会影响外商直接投资的热情，导致进入模式发生变化。利用动态博弈论，我们得到这样的结论：

1. 当外资在预销售期进行倾销，中国政府征收反倾销税，会导致随后的国际市场价格上升，外资母国出口量下降，但中国国内企业产量则会扩大。

2. 外资企业在预销售期内被征收的反倾销税越高，其所在母国的出口企业下期利润降低越大，而对中国国内企业则越有利。

3. 中国政府对外资企业在预销售期内实施反倾销的目的是激励本国企业提高产量，为对外反倾销和外资企业公平竞争创造条件，这种反倾销既有事前威胁作用也有事后制裁效应。

4. 当 $\Psi_{p,中} > ( = 或 < ) P'_{p,中} / ( 2P'_{p,中} + P''_{p,中} Q_{p,中} )$ 时，中国政府实施反倾销政策会增加（不变或者减少）本国社会福利，且当倾销幅度越大，本国社会福利增加或减少越多。当 $\Psi_{p,中} \to 1$，即进口量微不足道时，由于 $dF_{p,中}/dS_{p-1}$ 与 $dQ_{p,中}/dS_{p-1}$ 成正比，则在中国实施反倾销政策后本国福利仍会得到改进。也就是说外资利用预销售进行倾销的产品数量即使很少，中国政府也很有必要实施反倾销政策。

5. 我国对跨国公司进行预销售时的倾销产品征收适当的反倾销税（$\lambda = p\alpha/k$ 是最基本的起征点）不会对外资造成重大负面影响。跨国公司的直接投资的进入模式不会改变，继续会有大量的外资涌入。

# 第 8 章

# 中国企业应对反倾销壁垒的
# 海外进入模式

　　第二次世界大战以后，科学技术快速发展，交通工具不断创新，经济全球化浪潮滚滚而来，生产和资本日益国际化，国际贸易和资本输出日渐频繁。在这样的背景下，中国面临着参与国际经济大循环、实现民族经济国际化、最终实现中华民族复兴伟大目标的重要任务。一方面，中国需要利用国际跨国公司的投资促进国民经济快速增长；另一方面，又迫切需要培育具有极强竞争力的跨国企业进军国外市场，参与国际经济竞争，获取稀缺资源和经济利益，很明显，后一种形式对我国经济健康发展的意义更为重大。

　　随着中国开放程度的不断提高，出口贸易的日益增多，针对中国的反倾销调查也呈燎原之势，到目前为止，我国已成为世界上遭受反倾销调查最多的国家。世贸组织资料显示在 1995～2000 年间，中国就是除欧盟外遭受反倾销调查最多的国家，此后则超过欧盟，截至 2011 年，中国遭受反倾销调查的案件数量排在第一，占全世界的 21.25%，比位居第二的美国高出 3 个百分点；遭受反倾销最终裁定的案件也排在第一，占全世界的 25.3%，比位居第二的美国高出 6.3 个百分点；遭受反倾销案件最终裁定的比例也是位居世界第一，定案率高达 74.2%，直接影响中国出口 100 亿美元以上。极大地影响了我国产品在国际市场上的声誉和竞争力。

　　本章在层次分析法和案例分析法的基础上，研究刚刚壮大起来的中国企业在进行跨国经营时，面对国际反倾销壁垒，选择何种模式进入东道国，并利用情景分析法对其今后的进入模式进行了预测。

## 8.1 中国企业跨国经营状况与特点

近年来，随着中国经济的迅速成长和世界地位的提高，成长为世界级大企业正在成为许多中国企业的目标。一些在市场竞争中搏杀出来的特大型非传统国有企业，如海尔、联想、华为、海信等在迅速发展壮大，不仅"引进来"，而且"走出去"，大力开拓国际市场，取得了显著的经济效益。下面我们就一一分析中国企业跨国经营的状况与特点。

### 8.1.1 中国企业跨国经营状况

新中国成立之后，中国的对外经济往来，主要是以"对外经济技术援助"为主要内容的。20 世纪 50 ~ 70 年代，中国曾在海外开办了一些运输、金融、贸易等领域的合营或独资经营企业。但是，把海外投资办企业作为对外经济技术合作的一种重要方式，在较广泛的领域里开展，则是在 1978 年实行对外开放政策之后。1979 年国务院颁布了 15 项经济改革措施，其中明确规定允许出国办企业，为当代中国企业的跨国经营提供了有力的政策依托和前进的动力。1979 年 11 月，北京友谊商业服务公司与日本东京丸一商事株式会社在东京合资兴办了"京和股份有限公司"。1980 年 3 月中国船舶工业总公司、中国租船公司与香港环球航运集团等合资成立了"国际联合船舶投资有限公司"。1980 年 7 月，中国银行与美国芝加哥第一国民银行、日本兴业银行、香港华润集团合资在香港创办了第一家中外合资金融企业——中芝兴业财务有限公司。这段时期中国企业还通过对外直接投资的方式在荷兰、也门、澳大利亚、比利时等国开办了合资企业。这是改革开放以后中国兴办的最早一批境外企业。其后，随着改革开放的深入，中国企业跨国经营也日益发展成熟。具体可见表 8 - 1。

表 8 - 1　　　　中国在外直接投资流量表（1985 ~ 2011 年）单位：百万美元

| 年份 | 中国在外直接投资 | | |
| --- | --- | --- | --- |
| | 差额 | 贷方 | 借方 |
| 1985 | − 629 | — | 629 |
| 1986 | − 450 | — | 450 |
| 1987 | − 645 | — | 645 |
| 1988 | − 850 | — | 850 |
| 1989 | − 780 | — | 780 |
| 1990 | − 830 | — | 830 |
| 1991 | − 913 | — | 913 |
| 1992 | − 4 000 | — | 4 000 |
| 1993 | − 4 400 | — | 4 400 |
| 1994 | − 2 000 | — | 2 000 |
| 1995 | − 2 000 | — | 2 000 |
| 1996 | − 2 114 | — | 2 114 |
| 1997 | − 2 562 | 161 | 2 724 |
| 1998 | − 2 634 | 182 | 2 816 |
| 1999 | − 1 774 | 603 | 2 377 |
| 2000 | − 916 | 1 324 | 2 239 |
| 2001 | − 6 885 | 206 | 7 092 |
| 2002 | − 2 518 | 331 | 2 849 |
| 2003 | 152 | 2 002 | 1 850 |
| 2004 | − 1 805 | 276 | 2 081 |
| 2005 | − 11 306 | 565 | 11 871 |
| 2006 | − 17 830 | 718 | 18 547 |
| 2007 | − 17 200 | 1 900 | 19 100 |
| 2008 | − 56 700 | 2 200 | 58 900 |
| 2009 | − 24 010 | 420 | 24 430 |
| 2010 | − 64 840 | 760 | 65 600 |
| 2011 | − 66 920 | 174 | 67 100 |

注：1. 本表数据摘自国家外汇管理局网站公布的历年"中国国际收支平衡表"。
　　 2. 我国在外直接投资：借方表示我国对外直接投资汇出的资本金、母子公司资金往来的国内资金流出；贷方表示我国撤资和清算以及母子公司资金往来的外部资金流入。

参照表 8 - 1 中数据，结合经验观察，可大体勾画出中国对外投资的增长历程：1985 年之前是发展起步，1985～1991 年渐进成长，1992～2000 年加快发展，2001 年开始进入迅速增长。

**1. 中国企业跨国经营的发展起步：1978～1984 年**

这一时期是中国企业跨国经营的初始阶段，共兴办了海外企业185 家，投资总额为 2.96 亿美元，其中中方投资为 1.78 亿美元。海外投资企业分布在 45 个国家和地区，以发展中国家和地区及港澳地区为主。这时期的投资规模较小，投资涉及领域主要有资源开发、加工生产装配、承包工程、金融保险、航运服务和中餐馆等。这批海外企业的建立，对于扩大对外经济合作领域，探索新的合作方式起到了积极的作用。由于这一阶段处在我国经济体制改革的初期，政府对于境外投资企业实行严格的审批制度，只有具备外贸权的进出口公司和各省市的经济技术合作公司（主要是外经贸部下属的企业）才有资格进行境外投资活动。因此，这个阶段参与对外直接投资的主要是专业外贸公司和大型的综合性集团。

**2. 渐进成长阶段：1985～1991 年**

1985 年 7 月，国务院授权外经贸部制定并颁布了《关于在国外开设非贸易性合资企业的审批程序和管理办法》，在一定程度上放松了对国内企业境外投资的管制，并简化了部分审批手续，只要企业拥有稳定的资金来源，一定的技术水平和明确的合作对象，都可以申请境外投资。因此这一时期兴办的海外企业在数量及投资总量上都比上一阶段有了很大的提高。到 1989 年年底，全国先后批准的非贸易性海外投资企业和生产项目达 645 项，协议总金额 22 亿美元。其中，中方投资 9.5 亿美元，占 40.7%。在贸易性企业的对外投资方面，截至 1991 年年底，中国共批准设立境外贸易企业800 多家（不包括港澳），已开业的 566 家，注册资本 8 853 万美元，其中中方资本 5 965 万美元，占 67.4%。企业分布于 73 个国家和地区。这些企业基本是专门从事贸易的企业，大多为全民所有制企业改制而成，随着经济体制改革的深化，集体所有制企业、中外合资企业、私营企业也开始在境外组建贸易公司。与此同时，截至 1991 年年底，中国已在 155 个国家和地区开展了对外承包工程和劳务合作业务，累计签订合同 24 247 项，合同金额 190 亿美元；累计完成营业额 120 亿美元；累计派出承包劳务人员 60 万人，带动国产设备材料出口金额超过 15 亿美元。

**3. 加快发展阶段：1992～2000 年**

这一时期，我国企业在海外兴办的企业数以及对外直接投资额连年创新高，进入了加快发展阶段。这一方面是由于邓小平"南方谈话"以后，外经贸体制改革进一步加快，国内经济形式发生了显著的变化，产业结构调整的要求和国内资源相对短缺的矛盾日益突出，推动企业积极向外发展，更好地开发国际市场，利用国外的资源。另一方面是由于进入 20 世纪 90 年代以后，随着经济全球化的加速发展，跨国直接投资已经成为推动世界经济增长的最重要的动力。经过 10 多年的改革开放，我国国内市场已经容纳了许多国外跨国公司，我国企业与世界经济潮流的联系日益密切。在内力与外力的共同作用下，中国企业开始放眼国际市场，寻求自主发展的契机。在 1992～2000 年间，一批行业排头兵和优秀企业陆续到境外开办企业，积极尝试跨国经营战略，其中包括一批民营或民间资本参股的大型企业和集团。如三九集团、小天鹅电器公司、TCL、海尔、天狮集团等，先后走出国门参与跨国经营，改变着投资主体的历史结构。从外经贸部的业务统计数据看，截至 2000 年年底，中国累计设立的海外企业为 6 298 个，协议投资总额 113.6 亿美元，其中中方协议投资额 75.7 亿美元。地域分布全球 160 多个国家和地区。其中，境外加工贸易类投资带动出口的成效显著，可带动年约 10 亿美元的原辅材料和零配件出口。同期，非金融、非贸易类企业的对外投资，每年新批准数目在 1992 年以后增长加快。到 2000 年年末，经外经贸部批准或备案的企业累计数为 2 859 个；中方投资累计额达到 37.3 亿美元，是 1991 年的 3.17 倍。1992～2000 年间，中国对外经济合作业务中的另外三项事业，保持了不断发展的良好态势。其中，对外承包工程 9 年累计签订合同 16 982 项、合同金额 713.57 亿美元，完成营业额 525.89 亿美元，并且其中的大型项目明显增多，技术层次也是不断提升；承包劳务人员累计完成营业额 155.47 亿美元；对外咨询业务完成营业额 7.92 亿美元。

**4. 迅速增长阶段：2001 年以后**

2000 年中央提出了"走出去"战略，实施"引进来"和"走出去"同时并举、相互促进的方针；2001 年中国加入 WTO，极大地调动了中国企业推动国际化经营的积极性。经过十多年的历练和实践，中国企业在对外投资方面已经积累了不少经验。2012 年，我国境内投资者共对全球 141 个国家和地区的 4 425 家境外企业进行了直接投资，累计实现非金融类直接投资 772.2 亿美元，同比增长 28.6%。

中国对外投资遍布全球七成国家和地区，行业分布广泛多元。2012 年，中国内地对中国香港、东盟、欧盟、澳大利亚、美国、俄罗斯、日本七个主要经济体的投资达到 599.9 亿美元，占同期中国对外直接投资的 77.6%。其中对中国香港直接投资 465.1 亿美元，占比 60.2%；对东盟投资 44.2 亿美元，占比 5.7%；对欧盟投资 41.9 亿美元，占比 5.4%；对澳大利亚投资 21.6 亿美元，占比 2.8%；对美国投资 18.8 亿美元，占比 2.4%；对俄罗斯投资 6.6 亿美元，占比 0.9%；对日本投资 1.7 亿美元，占比 0.2%。

从投资的行业分布看，投向租赁和商务服务业 378.1 亿美元，占比 49%；采矿业 113.5 亿美元，占比 14.7%；批发和零售业 92.5 亿美元，占比 12%；制造业 63.7 亿美元，占比 8.2%；建筑业 28.5 亿美元，占比 3.7%。

从投资方式上来说，跨国并购已成为中国对外直接投资的重要方式，2012 年我国企业共实施对外投资并购项目 455 个，实际交易金额 426.2 亿美元。

## 8.1.2　中国企业跨国经营特点

从我国目前的经济发展状况、综合国力、企业管理水平及现状综合分析，我国企业在整体上仍处于企业跨国经营的初级阶段，具有如下特点：

1. 项目平均投资规模小。中国企业跨国直接投资项目的规模一般都较小，投资额超过 100 万美元的项目不多见，相当一部分投资额只有十几万美元，甚至更低。这一状况不仅大大低于发达国家海外投资项目的平均投资额（600 万美元），也与发展中国家和地区的平均投资水平相差甚远（450 万美元）。究其原因在于两点：一是中国企业的跨国投资活动仍处于初级阶段，尚未形成系统的海外投资发展战略与市场策略，多数企业仍属于试探性投资，规模自然比较小；二是除了一些国有的大型贸易集团、综合性集团以外，参与跨国投资的多为中小企业，这些企业自身的资金实力有限，因此投资规模偏小。

2. 投资区域和行业不断扩展。我国企业从事跨国经营活动的初期，出于回避风险、积累经验的考虑，多选择地理位置较紧的港澳地区和东南亚地区作为投资的目的地。随后，服从发展中国家和地区企业的跨国直接投资多为本地区的一般规律，对外投资逐渐扩大到其他的发展中国家和地区。从 20 世纪 90 年代开始，中国企业开始向发达国家投资，在美国、加拿大、澳大利亚三国的投资额约占对外投资总额的 3/4，这种地理分布与我国出口市场过分集中在发达国家，以及希望从发达国家引进更多的资金和先进技术有密切的关系。在投资行业分布上，贸易性企业占 61%，资源开发业占 19%，生产加工业占 12%，交通业占 2%，其他为 6%。随着国内高新技术产业的迅速发展，中国的技术密集型项目投资开始有所增加。

3. 投资主体多元化。我国对外直接投资的主体有以下几类：
（1）中央政府和各级地方政府所属的专业外贸公司和大型贸易集

团，这些企业长期从事进出口贸易，逐渐形成了具有一定规模的海外市场网络，是我国企业海外经营的先锋和主力。（2）大型生产性企业或企业集团。大型生产性企业一般都有外贸经营权，其产品已经在国际市场上占有了一定的份额。他们拥有相对成熟的生产技术和一定的研究与开发能力，海外经营起步虽晚，但正以较快的发展速度向海外扩张。（3）大型金融保险、多功能服务公司。这些公司资金雄厚，能够提供专业化服务，有良好的信誉，在国际市场上已经有了较高的知名度。（4）中小企业。包括民营企业、国有或集体所有制中小企业。这些企业数量多，投资规模小，灵活机动。

4. 投资方式多样化。中国企业海外投资的方式，既采用与当地企业合资合作的，也有独资创建，或是通过并购的方式进行的。采用合资的方式有利于我国企业的市场进入，减少进入初期的摩擦以及由此产生的成本，分散经营风险。随着我国企业跨国投资以及国际资本市场运作经验的不断积累，不少有一定实力的企业渐渐开始采用独资新建或是并购的方式进行海外投资，这也是当代国际跨国公司发展的一个显著特点。

## 8.2　中国企业海外遭受反倾销状况与特征

### 8.2.1　现状

外国对中国的反倾销指控是与中国的对外开放步伐相伴相生的，并成为中国外贸发展的主要障碍之一。自从1979年8月欧共体对我国出口的糖精及盐类发起第一起反倾销调查以来，截至2011年，已有34个国家和地区对我国的出口产品发起了825起反倾销调查。全球每7起反倾销案件中就有一起涉案中国，中国已经取代了日韩等国成为国际反倾销的最大受害国和主要指控对象，每年约有400亿～500亿美元的出口商品受影响。

中国遭受到的反倾销调查从1995～2011年已累计达到761起，

占到全球反倾销调查案件总数的 20.7%。无论是遭受的反倾销调查绝对数量还是所占比重都远远超过排在第二和第三位的韩国和美国。通过图 8 - 1，我们可以非常清楚地观察到中国遭受反倾销调查所占世界的比重基本上是逐年上升，其中 1998 年的比重最低，但仍然超过 10%，达到 10.5%，之后几乎处于一个持续性的上升通道中，2007 年达到最高的 37.6%，2009 年达到 36.8%（2009 年对华反倾销调查的绝对数量达到了历史的最高位，为 77 起），特别是从 2006 年开始，我国的比重每年都超过了 30%。

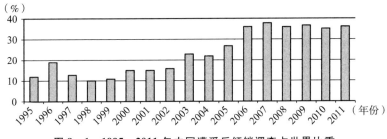

**图 8 - 1　1995~2011 年中国遭受反倾销调查占世界比重**

我们再从中国遭受的最终反倾销措施来看，从 1995~2011 年已累计达到 612 起，占到全球反倾销调查案件总数的 24%，其中 1999 年的比重最低，但也超过 10%，达到了 11.1%，之后基本上是持续性的上升，2007 年达到最高的 44.4%，2009 年达到 40.1%（2009 年中国遭受最终反倾销措施的绝对数量达到了历史的最高位，为 55 起）。图 8 - 2 对此作了一个形象的描述。同期遭受最终反倾销措施数量排在第 2 位的是韩国，被实施 164 起，占全球反倾销调查案件总数的 6.9%；同期排在第四位的是美国，遭受最终反倾销措施 122 起，占全球最终反倾销措施总数的 5.1%。无论是韩国还是美国，无论是遭受最终反倾销措施的绝对数量还是占比都远远低于中国。

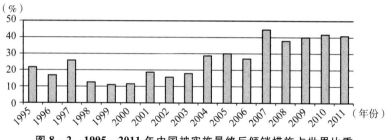

**图 8 - 2　1995 ~ 2011 年中国被实施最终反倾销措施占世界比重**

以上是静态的数据，我们再从动态指标"增长率"来考察。由于 1995 年无法计算增长率，因此实际上增长率指标从 1996 年开始计算。图 8 - 3 为世界反倾销调查和中国遭受反倾销调查的年度增长率情况。图中显示在 1995 ~ 2009 年期间中国遭受反倾销调查有 9 个年份是正增长，增长率最高的年份是 1996 年，高达 115%。而世界反倾销调查仅有 6 个年份是正增长，增长率最高的年份是 1996 年，仅达到 43.9%。我们也可以观察到，在这期间有 10 个年份中国的增长率是超过世界的增长率的（包括增长率为负的年份）。世界反倾销调查的年均增长率为 4.1%，但是中国遭受反倾销调查的年均增长率却达到了 14.2%，远高于世界平均的增长水平，是世界年均增长率的 3.5 倍。

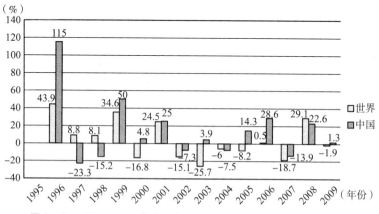

**图 8 - 3　1995 ~ 2009 年中国与世界反倾销调查年度增长率比较**

同理，图 8 - 4 显示了最终反倾销措施的年度增长率情况。可以看出，中国遭受最终反倾销措施增长率最高的年份是 1997 年，高达 106.3%，而世界最终反倾销措施的增长率最高的年份是 1998 年，仅达到 42.5%。虽然在这期间只有大概一半的年份中国的增长率是超过世界的增长率的（包括增长率为负的年份），但是如果再考察一下年均增长率的情况的话，我们就会发现中国遭受最终反倾销措施的增长率是远高于世界遭受反倾销措施增长率的。世界最终反倾销措施的年均增长率仅为 3.9%，但是中国遭受最终反倾销措施的年均增长率却达到了 9.8%，是世界年均增长水平的 2.5 倍。

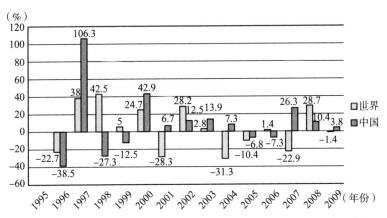

图 8 - 4　1995~2009 年中国与世界最终反倾销措施年度增长率比较

## 8.2.2　特　征

总体来说，国外对我国的出口产品实施反倾销主要呈现出以下几个特征：

### 1. 对我国出口产品提起反倾销指控的数量急剧上升

20 世纪 80 年代，世界各国对我国出口产品的反倾销立案数平均每年为 4.8 起，进入 90 年代以后，外国对中国的反倾销立案数急剧增加，平均每年达 31.3 起，比 80 年代平均增加 26.5 起，增长幅度高达552%，达到了令人触目惊心的地步。WTO成立以来，在1995～2004年的十年里，我国共遭受411起反倾销调查，占这一时期国际反倾销调查总数的22.5%。这一时期，各国对我国反倾销立案数呈波浪状上升趋势，从1995年的20起增至2004年的47起，在这十年中，有七个年份国外对我国的反倾销立案数超过了40起，平均每年对我国的反倾销立案数37.3起，超过了90年代的平均水平。与其他国家相比，自1980年以来，我国所遭受的反倾销立案数是全球最多的，立案总数为457起，远远超过了位于第二位的美国的352起，位于第三位的韩国的304起，更是超过了位于第四位的日本的300起。2010年上半年有13个国家或地区对我国发起37起贸易救济调查。其中，反倾销19起，反补贴3起，涉华保障措施14起，特别保障措施7起

**2. 对我国提出反倾销诉讼的国家由发达国家向发展中国家蔓延，印度已成为我国遭受反倾销的首要来源国**

自1979年到2011年年底，已有34个国家和地区对我国出口产品发起反倾销调查825起，除了欧盟和美国分别名列第一、二位外，越来越多的发展中国家加入到对中国提出反倾销诉讼的大军中。从全部历史看，欧盟是对我国提起反倾销调查最多的地区，占21.6%，紧随其后的是美国，其提出的反倾销案件数量占我国受到反倾销案件总数的18.7%。WTO成立以来，亚非拉一些发展中国家纷纷仿效美国、欧盟的做法，对中国频频发起反倾销指控。在对中国发起反倾销调查案件数最多的前11个国家中，有6个是发展中国家，其中印度成为对我国发起反倾销指控最多的国家，高达142起，阿根廷紧随其后，对中国的纺织品、服装、玩具等大宗产品，机电、化工等附加值高的产品和餐具、烟花、纸牌等低附加值产品，宽范围地发起反倾销调查。南非、巴西、秘鲁和委内瑞拉也对我国发起了多项反倾销调查。尤其值得一提的是2006～2009年这4年间，印度对华反倾销调查案件总计为45起，年均约11起，且涉案金额较大，据我国海关统计，其中绸缎反倾销案涉及金额

1.81 亿美元，部分定向聚酚纱线涉及金额 0.44 亿美元，客车和卡车斜纹轮胎涉及金额 2.022 亿美元。印度对华频繁反倾销的原因很多，一般认为主要是因为印度是世界头号反倾销大国，必定会对包括中国在内的许多成员频繁反倾销，其次由于中国对印度出口的高速增长，使印度政府危机感强烈。

**3. 我国遭受反倾销指控的行业和产品范围有不断扩大的趋势，且大多集中在我国出口"拳头产品"上**

20 世纪 90 年代以来，各国对中国出口产品的反倾销指控范围越来越广，纺织、服装、轻工、家电、五金、化工、矿产品、农药、医药、农产品等各大类近 4 000 多种产品都不同程度地受到反倾销指控，特别是我国大宗出口拳头产品，如纺织品、自行车、电视机、计算机软盘、电风扇、布鞋、服装等遭受反倾销调查的强度更高。1993年 4 月，墨西哥对中国实施大规模反倾销调查，涉及十大类 4 500 多种产品，成为迄今为止世界贸易史上最大的反倾销案。20 世纪 80 年代，国外对华反倾销案件的金额多在几十万美元，百万美元的就是大案。千万美元的属特大案件；但是，90 年代以来，百万美元的已是小案，千万美元的只属普通案件，上亿美元的方能称为大案。到目前为止，单一案件年涉案贸易额 1 亿美元以上的大案已有 16 起。2005年印度正式对原产于中国的绸缎产品发起反倾销调查，涉及金额高达1.8 亿美元，涉及出口企业 100 余家，为印度历年来对中国反倾销调查金额之首。2008 年俄罗斯对原产于中国的彩涂板发起反倾销调查，我国鞍钢等大型钢铁企业均在其列，涉案金额高达 2.47 亿美元。2010 年欧盟对我国数据卡发起反倾销及保障措施调查，涉案金额竟高达 41 亿美元，这也是我国高科技产品首次遭遇反倾销调查。

**4. 反倾销税率的攀升给我国产品的出口筑起了难以逾越的"高墙"**

20 世纪 80 年代对华反倾销案件的简单平均加权的反倾销税率最高不超过 63%，而到了 90 年代除个别年份外，这一税率多在80%，最高的达到了 209.6%，远远超出了禁止出口的税率，使我国被诉产品已很难再出口。以欧盟为例，1993年中国出口欧盟市场的自行车被征收30.6%的反倾销税，基本被逐出欧盟市场；1998年年底对中国50余家彩电企业征收了44.6%的反倾销税，几乎使中国彩电退出欧盟市场；2001年，又对来自中国的节能灯作出征收反倾销税的裁决：对8家上诉企业和其他上百家企业分别征收59.6%和74.4%的反倾销税，这一裁定结果表明，对于大部分中国节能灯生产企业来说，欧盟市场实际上已经关闭了。2010年，美国商务部对我国大陆生产的包装丝带征收最高超过247.65%的反倾销税，电热毯最高征174%的反倾销税，并对中国进口的礼盒征收最高为231.4%的反倾销税。发展中国家裁定的反倾销税率更是高得惊人。如1993年墨西哥对我国的有机化学品征收的反倾销税率为673%，玩具为315%，服装为537%，鞋类竟高达1 105%；巴西对来自中国的12种出口产品所征收的反倾销税率，其征税幅度为35.8%～203.4%，平均征税率达77%。2006年，印度商工部反倾销调查局对来自中国的糖精产品倾销征收最高202.22%，最低86.13%的反倾销税。这一现象一直延续到近几年，在对我国和别国同类产品执行反倾销措施时，我国产品几乎每次都被裁定征收最高反倾销税率。例如在美国对华生磁铁反倾销诉讼案中，美国对中国企业的最终税率为105%～185.28%，而对中国台湾企业的最终税率仅为31.2%～38.03%；在欧盟对华硅锰合金反倾销案中，欧盟对中国企业的最终税率为60.1%，而对哈萨克斯坦企业的最终税率仅为6.5%。

**5. 针对我国的反倾销立案强度相当高**

国外针对中国的反倾销立案强度相当高。为了便于说明，我们利用三个指标来衡量。

第一个指标是"肯定裁定率"，被定义为反倾销肯定裁定的数量除以反倾销立案调查的数量。在1995～2009年间，中国的反倾销肯定裁定率高达74.2%。

第二个指标是"反倾销份额－出口份额的比率"，被定义为一国在世界反倾销案件中所占的份额除以其在世界出口中所占的份额，如果该比率大于1，即该国在世界反倾销案件中所占的份额超过了其在世界出口中所占的份额，则针对该国的反倾销立案强度就比较高。从1995～2009年的整个时期来看，中国的最终反倾销措施强度指数为3.37，而且从各个年份上观察，所有年份的该指标全部都大大地超过1，甚至超过了3，这说明中国在世界反倾销调查中所占的份额是其在世界出口中所占份额的3.37倍，立案强度相当高。

第三个指标是前两个指标的综合，用来衡量一国的出口产品被最终裁定征收反倾销税的可能性的大小，它等于"反倾销份额/出口份额"乘以"肯定裁定率"。如果该综合指标的值比较高，则说明一国被最终裁定征收反倾销税的可能性比较大。在1995～2009年间，中国的出口产品被最终裁定征收反倾销税的概率高达2.76。

从以上分析可以看出，中国已经成为各国进行反倾销调查的最主要的目标国，同时也成为反倾销最严重的受害国，给我国的外贸出口造成了十分不利的影响。

## 8.3　中国企业应对反倾销壁垒的海外进入模式选择——以家电企业为例

当中国企业决定进入海外市场时，面临的常常是一个由相互关联、相互制约的众多因素构成的复杂环境，往往缺少定量数据。中国企业需要综合考虑各方面因素以及它们之间的相互关系，从中找出最佳进入模式。层次分析法为这类问题的决策和排序提供了一种新的、简洁而实用的建模方法。层次分析法（Analytic Hierarchy Process，AHP）是美国匹兹堡大学教授萨提（Saaty）在20世纪70年代提出的一种定性分析与定量分析相结合的多目标决策方法。该方法通过建立判断矩阵的过程，逐步分层地将众多复杂因素和决策者的个人因素综合起来，进行逻辑思维，然后用定量的形式表示出来，从而使复杂问题从定性的分析向定量结果转化。本节借鉴 W·

金伟灿和黄彼得（W. Chan Kim and Peter Hwang）提出的跨国公司进入模式选择的综合分析框架，利用层次分析法，对中国企业进入海外市场的直接投资模式进行分析。

### 8.3.1　AHP 模型的计算

应用 AHP 分析决策问题时，首先要把问题条理化、层次化，构造出一个有层次的结构模型。在这个模型下，复杂问题被分解为元素的组成部分。这些元素又按其属性及关系形成若干层次。上一层次的元素作为准则对下一层次有关元素起支配作用。这些层次可以分为三类：

1. 最高层：这一层次中只有一个元素，一般它是分析问题的预定目标或理想结果，因此也称为目标层。

2. 中间层：这一层次中包含了为实现目标所涉及的中间环节，它可以由若干个层次组成，包括所需考虑的准则、子准则，因此也称为准则层。

3. 最底层：这一层次包括了为实现目标可供选择的各种措施、决策方案等，因此也称为措施层或方案层。

我们都知道这样一个事实：三个以上的对象放在一起，不易比较。但是，两个对象就容易比较。所以，AHP 在确定各层不同因素相对于上一层各因素的重要性权数时，采用两两比较的方法。根据专家评定和问卷调查，可以建立下一层次对上一层次的判断矩阵，称 $B = (b_{ij})_{n \times n}$ 为下一层次因素 $B_1$，$B_2$，$\cdots$，$B_n$ 相对于上一层次因素 $A$ 的判断矩阵。至于判断矩阵的数值，萨提等人建议引用数字 $1 \sim 9$ 及其倒数作为标度。

下面计算各要素的相对重要度时，需先求出判断矩阵的特征向量 $E$，各分量可由下式求出。

$$E_i = \left( \prod_{j=1}^{n} b_{ij} \right)^{\frac{1}{n}} \quad i = 1, 2, \cdots, n \qquad (8-1)$$

对特征向量 $E = (E_1, E_2, \cdots, E_n)^T$ 进行归一化处理，即

$$E_A = \sum_{i=1}^{n} E_i \qquad (8-2)$$

$$W_i = \frac{E_i}{E_A} \qquad (8-3)$$

$W_i$ 即为 $A_i$ 的相对重要度（即权重）。

在建立判断矩阵的过程中，涉及人的主观判断，因而会出现判断不一致的情况。为保证评价分析的有效性，必须进行一致性检验。计算一致性指标：

$$CI = \frac{\lambda_{\max} - n}{n - 1} \qquad (8-4)$$

$\lambda_{\max}$ 为判断矩阵的最大特征根。查找相应的平均随机一致性指标 RI。如表 8 - 2 所示。

表 8 - 2　　　　　　　平均随机一致性指标 *RI* 的数值

| $n$ | 1 | 2 | 3 | 4 | 5 | 6 | 7 | 8 | 9 | … |
|---|---|---|---|---|---|---|---|---|---|---|
| $RI$ | 0 | 0 | 0.58 | 0.90 | 1.12 | 1.24 | 1.32 | 1.41 | 1.45 | … |

最后我们可以得到相对一致性指标：

$$CR = \frac{CI}{RI} \qquad (8-5)$$

当 $CR < 0.10$ 时，则认为判断矩阵的一致性可以接受，权重向量 $W$ 可以接受。

在计算各层次要素对上一级的相对重要度以后，即可从最上层开始，自上而下地求出各层要素关于系统总体的综合重要度，对所有因素的权重进行优先排序。假设上一层次 C 包含 $C_1$，$C_2$，…，$C_m$ 共 $m$ 个因素，他们关于系统总体的重要度分别为 $c_1$，$c_2$，…，$c_m$。下一层次 D 包含 $n$ 个因素 $D_1$，$D_2$，…，$D_n$，它们关于 $C_j$ 的相对重要度分别为 $d_{1j}$，$d_{2j}$，…，$d_{nj}$，则 D 层各因素的综合重要度为：

$$d_i = \sum_{j=1}^{m} d_{ij} c_j \quad i = 1, 2, \cdots, n \qquad (8-6)$$

同理，对层次总排序也需要作一致性检验，根据式（8－4）和式（8－5），我们可以得到 D 层总排序的一致性比例为：

$$CR = \frac{\sum_{j=1}^{m} CI(j)c_j}{\sum_{j=1}^{m} RI(j)c_j} \qquad (8-7)$$

当 $CR < 0.10$ 时，认为层次总排序结果具有较满意的一致性并接受该结果。

## 8.3.2 AHP 模型的应用

假设有一家中国企业，想要进入海外市场，同时面临着反倾销壁垒。它要选择一个最佳进入模式，我们可看作目标层 A。可供该公司选择的进入方式有独资，合资，合作三种形式，我们把其当作方案层 D，分别用 $D_1$，$D_2$，$D_3$ 来表示这三种进入模式。我们借鉴 W·金伟灿（W. Chan Kim）和黄彼得（Peter Hwang）提出的跨国公司进入模式选择的综合分析框架，认为影响中国企业进入海外市场模式的选择有 6 个相关因素，分别是全球集中，全球战略动机，国别风险，地区不熟悉性，需求不确定性，竞争强度。我们把其看作准则层 B，分别用 $B_i(i=1，2，\cdots，6)$ 来表示这 6 个因素。针对这些准则，需要一系列的指标来进行衡量。衡量全球集中的指标为全球竞争者数量，全球集中率；衡量全球战略动机的指标是与全球竞争者的较量，建立策略性前沿阵地，发展全球资源阵地；有关国别风险的衡量指标是当地政府征收反倾销税的可能性，价格控制的可能性，当地满意度需求的可能性，货币转换，汇款控制；衡量地区不熟悉性的指标是对当地的经验，文化差异，政治制度的不同，经济条件的不同；对需求不确定性的衡量指标是工业增长率，总的国民产品增长率，工业周期循环阶段，主要技术更换频率；有关竞争强度的衡量指标是市场份额的不稳定性，当地竞争者的数量，固定费用相对于价值增加的水平。我们把其看作指标层 C，用 $C_i(i=1，2，\cdots，21)$ 分别来表示这些指标。

它们之间的层次关系如图 8-5 所示。

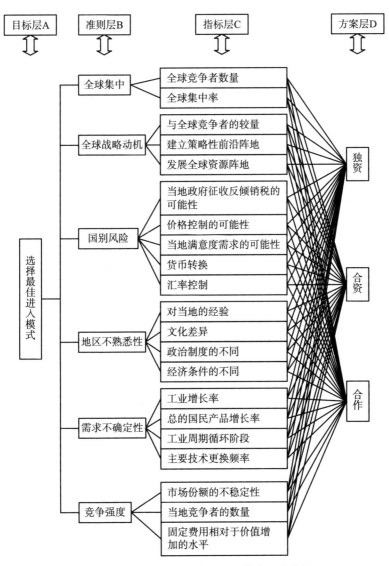

图 8-5　中国企业进入海外市场模式层次分析

采用专家问卷调查法，我们可以得到如表 8 - 3 所示的准则层各因素的标度数据：

表 8 - 3                           准则层标度数据

| 准则层 | 全球<br>集中 $B_1$ | 全球战略<br>动机 $B_2$ | 国别<br>风险 $B_3$ | 地区不熟<br>悉性 $B_4$ | 需求不确<br>定性 $B_5$ | 竞争<br>强度 $B_6$ |
|---|---|---|---|---|---|---|
| 标度 | 6.4 | 5.2 | 8.0 | 3.8 | 6.0 | 4.4 |

根据表 8 - 3，构造判断矩阵，结合前面介绍的式（8 - 4）~ 式（8 - 6）可得到准则层的单因素权重，如表 8 - 4 所示。

表 8 - 4                           准则层单因素权重

| | $B_1$ | $B_2$ | $B_3$ | $B_4$ | $B_5$ | $B_6$ | 特征向量 | 权重 |
|---|---|---|---|---|---|---|---|---|
| $B_1$ | 1 | 1.2307 | 0.8000 | 1.6842 | 1.0666 | 1.4545 | 1.1706 | 0.1894 |
| $B_2$ | 0.8125 | 1 | 0.6500 | 1.3584 | 0.8666 | 1.1818 | 0.9499 | 0.1537 |
| $B_3$ | 1.2500 | 1.5384 | 1 | 2.1052 | 1.3333 | 1.8181 | 1.4632 | 0.2367 |
| $B_4$ | 0.5937 | 0.7307 | 0.4750 | 1 | 0.6333 | 0.8636 | 0.6950 | 0.1124 |
| $B_5$ | 0.9375 | 1.1538 | 0.7500 | 1.5789 | 1 | 1.3636 | 1.0974 | 0.1775 |
| $B_6$ | 0.6875 | 0.8461 | 0.5500 | 1.1578 | 0.7333 | 1 | 0.8048 | 0.1302 |
| $\sum_{i=1}^{6} B_i$ | | | | | | | 6.1809 | |

同理，我们可以得到指标层各因素的权重：$C_1 = 0.5667$，$C_2 = 0.4333$，$C_3 = 0.2222$，$C_4 = 0.5278$，$C_5 = 0.2500$，$C_6 = 0.2384$，$C_7 = 0.2209$，$C_8 = 0.1453$，$C_9 = 0.1919$，$C_{10} = 0.2035$，$C_{11} = 0.2056$，$C_{12} = 0.2361$，$C_{13} = 0.3125$，$C_{14} = 0.2437$，$C_{15} = 0.3738$，$C_{16} = 0.2991$，$C_{17} = 0.1869$，$C_{18} = 0.1402$，$C_{19} = 0.3600$，$C_{20} = 0.1467$，$C_{21} = 0.4933$。

根据式（8 - 6），我们可以得到三种进入模式的综合权值：

$D_1 = 0.3227$，$D_2 = 0.2793$，$D_3 = 0.2461$。最后根据式（8-7）对结果进行一致性检验，一致性指标 $CR = 0.034 < 0.10$，说明该结果可以接受。很明显，$D_1 > D_2 > D_3$，则说明中国企业在反倾销壁垒下进入海外市场的时候，会优先考虑独资，这是其最佳进入模式，其次分别为合资和合作。

### 8.3.3 家电企业应对反倾销壁垒的海外市场进入模式

中国的家电行业经过十几年的发展，取得了令世人瞩目的成就，形成了庞大的生产制造能力。据美国《器具》杂志和英国咨询公司 EUROMONITION 分析，以销售收入衡量，早在 1997 年，中国已成为世界第三大家电制造国，仅次于美国和日本。中国已确立了世界家电生产大国的地位，具备了参与国际竞争的能力：（1）家电行业出现了一批具有国际竞争力的企业集团。行业内基本上形成了规模经济，并已开始进入产业结构的升级与整合阶段，一些有实力的大型企业集团通过资产重组、联合兼并、多元化经营，其经营优势和品牌优势已得到了充分发挥。国产家电产品已经主导了国内市场，国内外市场已开始接轨。（2）家电行业的技术水平已向国际标准看齐。一是新产品中的技术内容与国外推出的时间差距缩短；二是产品规格与发达国家更趋接近；三是产品功能开发思路宽、创意多、新品丰富。（3）家电行业企业的管理水平不断提高。家电企业的管理理念和发展战略发生了实质性的变化，涌现出很多创新的思路。

与此同时，我国的家电行业又是遭受国际反倾销最严重的行业。从 20 世纪 80 年代，我国彩电遭受国际反倾销开始，我国家电行业已逐渐成为反倾销指控最多的行业之一。尤其是从 2002~2004年短短三年间，针对我国家电产品的反倾销案就高达 6 起，征收的反倾销税也日益高涨，如特立尼达和多巴哥对我国空调最高反倾销税达到了 343.16%。截止到 2011 年年底，国外对我国家电产品发起的反倾销指控已超过 18 起，累计涉案金额超过 10 亿美元。详细情况见表 8-5。

表 8 – 5　　　　　　中国家电产品遭受反倾销状况一览表

| 时间（年/月） | 发起国（地区） | 产品 | 反倾销措施 |
|---|---|---|---|
| 1988.11 | 欧盟 | 小屏幕彩电 | 征税 15.3% |
| 1990.11 | 美国 | 电风扇 | 征税 0% ~ 2.16% |
| 1991.11 | 美国 | 电动摇头扇 | 无损害结案 |
| 1991.11 | 美国 | 电动吊扇 | 无损害结案 |
| 1992.11 | 欧盟 | 大屏幕彩电 | 征税 25.6% |
| 1993.4 | 墨西哥 | 家电产品 | 征税 129% |
| 1993.12 | 欧盟 | 微波炉 | 征税 12.1% |
| 1997.10 | 欧盟 | 汽车用激光灯 | 无税结案 |
| 1999.10 | 欧盟 | 14 寸彩色显像管 | 反倾销调查 |
| 2002 | 阿根廷 | 空调 | 征税 |
| 2002.2 | 欧盟 | 节能灯 | 征税 |
| 2003.5 | 美国 | 彩电 | 征税 5.22% ~ 78.45% |
| 2004.8 | 土耳其 | 彩色电视机 | 反倾销调查 |
| 2004.10 | 特立尼达和多巴哥 | 空调 | 征税 52.79% ~ 343.16% |
| 2004.11 | 美国 | 空调 | 反倾销调查 |
| 2005.8 | 欧盟 | 食品搅拌机 | 反倾销调查 |
| 2006.9 | 土耳其 | 空调 | 征税 25% |
| 2007.8 | 美国 | 冰箱磁铁 | 征税 300% |
| 2008.9 | 美国 | 冰箱贴 | 反倾销调查 |
| 2009.2 | 印度 | 彩色显像管 | 征税 185.3% |
| 2010.10 | 阿根廷 | 电扇 | 征税 136.92% |

注：根据商务部原始数据整理而得。

　　综上所述，我们选择家电行业的典型企业作为中国企业的代表，通过实际案例分析他们在面对反倾销壁垒时的海外市场进入模式。

**1. 案例一：TCL 的海外市场进入模式**

　　TCL 的基本战略方针是一方面在有市场潜力的发展中国家建立生产、销售网络；另一方面及时吸收世界先进技术及掌握国际市场导向信息。市场潜力大的东南亚和南亚地区是 TCL 首选的销售市场，而美国成为 TCL 设立的信息及研发中心，从发达国家拿技术，到发展中国家开拓市场可以说是 TCL 国际化的基本思路。同时，经过长年的积累，TCL 自身所具备的生产和管理成本优势已凸显，出于规避反倾销的考虑，也促使其大大迈出了对外直接投资的步伐。

根据第 5 章的理论模型，TCL 投资发展中国家，由于自身特有的成本优势非常明显，即 $c_h \geq z$，当地企业的利润基本为负值，因此在东道国不存在目标企业，并购基本上是不可能发生的，以新建投资为主。投资发达国家，以需求水平来衡量，发达国家属于大规模的市场。TCL 的定价要明显低于当地企业，即 $p_h - p_f > t$。当其以并购的方式进入，企业利润函数为 $\pi_f = z - t - c_h$；以新建方式进入，企业的利润函数为 $\pi_f = c_h - c_f - t - IF$。很明显，并购的企业利润要优于新建的企业利润，因此，在发达国家，TCL 以并购的方式进入。事实上，TCL 的国际化之路也印证了我们的理论推导。

1999 年 10 月，TCL 越南有限公司成立，开始启动越南市场。这是一家由 TCL 在越南独家投资的企业，注册资金 350 万美元。TCL 以设备出资，从中国进口散件，在当地组装彩电，并在当地销售其产品。到目前为止，TCL 在越南的生产能力已达 60 万台，拥有越南 18% 的市场份额，仅次于 SONY。其后，又在东南亚的印度、印度尼西亚、菲律宾、马来西亚等地遍地开花，投资设立分支机构。TCL 在东南亚的工厂采取来料加工组装的生产方式，并尽可能使用国内二手设备，这样就充分利用了国内设备材料的成本优势。在东南亚市场，TCL 均采用了自有品牌。因为 TCL 认为对于东南亚发展中国家的市场，由于市场成长较快，未来购买潜力比较大，推广自己的品牌成本比较合算，成功的可能性大，适合企业未来的全球化战略；而在欧美日益成熟的市场，推出一个全新的中国品牌，投入大，风险高，因而其战略是贴牌和并购。

2002 年 9 月，TCL 以 820 万欧元的价格收购了欧洲老牌企业德国施奈德。这家老牌企业在 2002 年年初正式宣布破产。但即使这样，在 2001 年，施奈德欧洲市场也有高达 2 亿欧元的销售额和多于

41 万台彩电的市场份额，超过了欧盟给予中国 7 家家电企业 40 万台配额的总和。收购施奈德对 TCL 来说主要有几个战略考虑：（1）绕开欧盟对中国家电企业的反倾销壁垒。（2）可以快速进入欧洲市场。（3）有助于 TCL 提升国际竞争管理能力，融合先进的管理理念。

继收购施奈德之后，TCL 集团又于 2003 年 7 月，通过在美国的控股公司莲花太平洋全资收购了美国著名的家电企业高威达（Govedio）公司。高威达公司是一家做录像机、DVD 等视像产品的渠道公司，一年的销售额约 2 亿美元。TCL 集团在收购该公司后，计划在美国市场继续使用该品牌销售彩电和碟机等产品，以努力扩大在美国市场的份额。

2003 年 11 月，TCL 与电子产品巨头汤姆逊（Thomson SA）公司共同宣布，双方将合并电视机生产及数码影像光盘（DVD）播放机制造业务，共同组建"TCL—汤姆逊"公司。在新公司当中，TCL 以 67% 的比例绝对控股。总部设在巴黎的汤姆逊公司拥有上百年的历史，目前在录像带和 DVD 生产领域占据世界首位，也是全球第二大电视机显像管设备供应商。在同 TCL 合并前，汤姆逊公司已经具备年产 740 万台电视机的能力，并占有 18% 的北美市场和 8% 的欧洲市场，2002 年销售额达 102 亿美元。随着中国彩电近年来出口的增加，世界家电生产商开始采取种种手段抑制中国彩电出口，汤姆逊公司便是打压中国彩电企业的排头兵。无论是欧盟企业在 1998 年针对中国彩电发起的倾销诉讼，还是美国在 2003 年的同类反倾销活动，发起者当中都有汤姆逊公司的身影。此外，汤姆逊还是向中国 DVD 生产企业索要专利费的欧美企业之一，它还在 2001 年开始，对中国主要彩电出口企业提出彩电技术专利使用费的要求。TCL 此番与汤姆逊的合并，将使汤姆逊公司重新定位对中国产品的反倾销战略，而前一段纠缠了很久的彩电专利费问题，也有可能出现变局。对 TCL 而言，通过并购进入欧美市场，不但能降低运营开支，市场风险也会小很多。合并成立的新实体具有如下优势：在亚洲、欧洲和美国三大市场占据优势地位，并可相互补充；在每个市场均具有强势品牌，在亚洲及新兴市场主推"TCL"品牌，在欧洲市场以推广"Thomson"品牌为主，在北美市场则主打"RCA"这一在美国家喻户晓的品牌；在每个市场拥有一个充满竞争力的工业平台；拥有一整套的系列产品和服务；汤姆逊拥有 3 万多项专利和 1 000 名工程师组成的技术力量。如果双方能够充分发挥各自成本和研发领域的优势，将对日韩企业在全球家电业的领先地位构成强有力的挑战，甚至彻底改写全球家电业格局。虽然最后因为种种原因 TCL 并没有达到并购的预期，铩羽而归，但是其国际化战略并没有错，符合经济全球化方向。

综上所述，TCL 在发达国家和发展中国家的投资模式有很大区别。在发展中国家，TCL 选择直接投资建场，也就是绿地投资，创自有品牌；而在发达国家，则采取兼并收购当地企业的办法来整合产业资源。通过并购，TCL 获得了被并购企业的品牌、研发技术、生产设施、销售渠道等资源，进而使自己变为当地企业的一员，为快速进入发达国家市场创造了条件。

TCL 的海外市场进入模式，我们可以用图 8 - 6 表示。

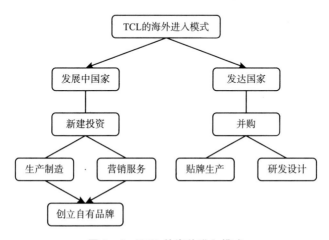

**图 8 - 6　TCL 的海外进入模式**

### 2. 案例二：海尔的海外市场进入模式

在国际市场进入模式上，海尔集团是在产品出口的基础上进行直接投资，这一方面是基于跨国公司的一般策略；另一方面是在自身具备了生产制造和管理方面的可转移的成本优势，出于规避反倾销的考虑。

根据第 5 章的理论模型，海尔投资发达国家市场（大规模市场）时，当 $p_h - p_f > t$ 时，以新建的方式进入，其利润函数为 $\pi_f = c_h - c_f - t - IF$；以并购的方式进入，其利润函数为 $\pi_f = z - t - c_h$。很明显，并购的利润要高于新建的利润。当 $p_h - p_f < t$ 时，以新建的方式进入，海尔的利润函数为 $\pi_f = \dfrac{(c_h - c_f + 3t)^2}{18t} - IF$；以并购的方式进入，利润函数为 $\pi_f = z - t - c_h - \dfrac{(c_h - c_f + 3t)^2}{18t}$。可以看出，新建的利润高于并购的利润。所以对于海尔在发达国家的投资而言，新建和并购这两种模式是同时并举的。海尔在发展中国家投资的动因与 TCL 一样，自身的成本优势甚至比 TCL 还要彰显，因而是以新建为主的。下面的资料将对此进行印证。

海尔 1996 年在印度尼西亚建厂，开始进行海外直接投资。海尔集团与印度尼西亚的莎保罗公司经过几次洽谈和协商，与 1996 年 2 月正式签订了在印度尼西亚雅加达成立合资生产企业的协议，同年 8 月，由海尔集团控股的"海尔—莎保罗（印度尼西亚）有限公司（PT. Haier Sapporo Indonesia）"正式开业，海尔主要以技术和设备投资。合资企业主要组装生产电冰箱等家电产品，并在全国形成了初具规模的销售和售后服务网络。1997 年 6 月，海尔集团在菲律宾合资成立"菲律宾海尔 LKG 电器有限公司"。虽然这家合资企业从规模、效益、影响等方面在海尔集团的跨国经营战略中并不重要和突出，但由于其后海尔集团美国工厂的建立，许多人员都来自该企业，因而从这个意义上说，菲律宾合资企业是海尔集团在美国投资建厂的人才培训基地。1999 年 4 月，海尔集团在美国南卡罗来纳州的汉姆顿投资 3 000 万美元开始建设它在北美地区的第一个家用电器生产基地。该基地是海尔集团独资企业，标志着海尔集团跨国经营本地化战略的初步实施。在美国洛杉矶，海尔集团拥有技术开发中心，在纽约设有销售公司和服务中心，再加上汉姆顿的生产工厂，实现了海尔产品设计、生产和销售的全面当地化，初步形成了设计、生产、营销"三位一体"的海尔美国产业体系。2001年 4 月，海尔又在巴基斯坦投资建立的自己的第二个海外工业园，随后，海尔的孟加拉工厂也开工建设。2001 年 6 月，海尔集团以700 万美元并购了意大利家电制造商迈尼盖蒂公司（Menghetti），这是中国白色家电首次实现跨国并购，该项目的成功实施，将使海尔集团获得三个窗口，实现两个辐射。三个窗口是信息窗口、技术窗口和采购窗口，两个辐射即地理上从意大利向其他欧洲国家辐射，业务上从电冰箱向其他家电产品辐射。这也是继美国之后，海尔在欧洲实现的"三位一体"本土化经营。2003 年 10 月，海尔集团在约旦建立了自己的第十三个海外工厂，这标志着本土化的中东海尔全面启动。海尔将全球分为欧盟、北美、南美、中东、东欧、东盟、南非等 11 个经济区。2010 年，海尔集团全球营业额为 1 357亿元，其中海外市场销售占到 26%。2011 年，海尔欧洲市场增长40%；美国市场与上年持平；日本市场预计销售 100 亿日元，同比增长 20%；印度市场达到 2010 年水平；在巴西，海尔空调市场占比达 40% 左右，位列市场第一，洗衣机及冰箱也分列市场第二及第三。截至 2011 年，海尔已经在全球建立了 10 个设计研发中心、24个制造工厂、61 个营销中心。海外销售中 90% 是海尔自有品牌。

纵观海尔的国际化进程，可以发现：海尔集团在进行对外直接投资时，新建投资、跨国并购、合资这三种方式是同时并用的。在区域选择上，海尔奉行"先难后易"的策略。即先进入美国、欧洲这样的发达国家和地区，在发达国家创出品牌，再向发展中国家推进。在欧美这样的高成本国家建厂，树立自己的品牌，所遇到的困难是艰巨的。但是，只要能在这里站稳脚跟，打出自己的品牌名气，再去开拓其他市场，则会起到事半功倍的效果。事实证明，海尔的收获并不仅限于工厂本身，而是来自其成功的本土化品牌运作。通过这一运作模式，海尔获得了更多的客户资源与订单。有了订单，海尔在海外的发展模式就不一定是自己投资建厂了，而是可以找很多工厂来代工，海尔只需付出一定的加工费，却能赚取更多的利润。而且可以有效规避愈演愈烈的反倾销风险，甚至更麻烦的技术壁垒。

我们可以用图 8 - 7 来描述海尔的海外市场进入模式。

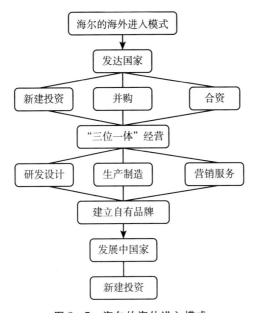

图 8 - 7　海尔的海外进入模式

### 3. 案例三：格兰仕集团海外市场进入模式

格兰仕的海外市场进入模式是以出口为主的，2010 年，格兰仕集团的销售额达 378 亿元人民币，平均每天把 8 万台微波炉输送出国门，差不多是其总产量的 2/3。全球市场占有率突破 40%。经过

30 多年的发展，格兰仕已经形成了以微波炉、空调为主导产业，豪华电饭煲、电磁炉等小家电为辅助产业的"全球名牌家电专业化制造中心"，目前已是微波炉制造世界第一和光波炉制造世界第一。而这些都是与中国国内廉价的劳动力和原材料成本分不开的，由于该成本优势是不可转移的，根据第 5 章的理论模型，即 $\pi_{2,\,FT,\,EX}^{BN} > \pi_{2,\,FT,\,FDI}^{BN}$，$\pi_{2,\,AD,\,EX}^{BN} > \pi_{2,\,AD,\,FDI}^{BN}$，$\pi_{2,\,und,\,EX}^{BN} > \pi_{2,\,und,\,FDI}^{BN}$，不管东道国采取什么样的反倾销措施，跨国公司都倾向于选择出口，而不愿进行对外直接投资。所以格兰仕即使遭到反倾销指控（目前只有一例），也始终会以出口作为其进入国际市场的主要模式。

格兰仕的出口经营模式的一个显著特点是：保持贴牌与自有品牌保持合理比率来规避反倾销威胁，争夺国内和国际市场。格兰仕在国际化道路上选取了与海尔和 TCL 完全不同的战略，不强求在海外市场做 GALANZ 牌子，重在格兰仕制造，把国际知名品牌的生产线搬到中国来，为其做高级"代工生产"，由对方利用自己的品牌、销售网络在国外销售。目前，几乎所有世界名牌的光波炉都将在格兰仕集中生产。这一模式是与格兰仕的低成本制造能力（国内廉价而丰富的劳动力、巨大的市场需求、企业所在地的产业集群效应）相匹配的。好处在于减少了包括反倾销在内的跨国经营的各种风险。弊端在于：由于大量的贴牌生产，营销渠道归别人所有，利润中的大部分被外方拿走，企业资金积累的过程拉长，影响到研发的投入，使企业向 ODM 的过渡延长。同时，由于缺乏自有品牌的知名度，自有品牌产品在国际市场上长期处于低端，要想扭转这种印象会很困难。目前的格兰仕采取两条腿走路的方法：一方面继续进行贴牌生产；另一方面开始自有品牌生产。比如在法国，格兰仕在跟翡利（Fillony）成为合作伙伴后的第二年，在对方的要求下，正式打出自己的牌子并获得一定认同。但在两条腿走路的同时，格兰仕还是小心翼翼地保有着海外市场中贴牌和自有品牌 6∶4 的比例，以避免一些国家的反倾销威胁。

# 8.4　应对反倾销壁垒中国企业海外市场进入模式的情景分析

由于受反倾销壁垒的影响，中国企业海外进入模式中对外直接投资的比例在逐步扩大，那么中国企业跨国经营模式的未来如何？如何发展？成为我们亟待解决的问题。为此，笔者引入情景分析法，对未来中国企业应对反倾销壁垒跨国经营模式设计情景方案，并进行合理预测。

## 8.4.1　情景分析的内涵与特点

### 1. 内涵

"情景分析"一词最早是由赫尔曼·凯恩 20 世纪 50 年代在兰德公司引入计划工作的。在兰德公司为政府提供的军事和战略研究报告之中，首先使用了这个术语。目前，关于"情景"的定义有很多，不少研究者都对其有所阐述，笔者总结如下：在英语语言中的情景（scenario）是许多场小情景的（plot）的集合；情景是许多假设的事件序列，重点放在具有因果关系的分析过程和决策的时刻；情景只是为人们提供一个发挥幻想与想象力的工具。

以文学色彩而出现的一系列定义完全相同，只是在主题上有所差别：情景是未来条件和事件的一般描述；是一组可能但不完全确定的未来情况；是许多似乎可行的将来，每一个都可能但不确定；是一个对将来所可能呈现的内在一致的阐述；通过一系列当时图景所表达的假设的将来；是一种能用来分析多选择的未来情况和进行公司战略规划的技术。

还有一些定义是根据构筑情景的方法论来设定的：情景是使用逐步并且似乎可行和连贯的方式来模拟一系列环境（这些环境能引领系统到未来形式）的方法论，并且能够提供这种形式的一个全图；情景是一系列逻辑并按年代顺序排列的事件、趋势和发展；国际 SRI 把情景定义为在遇到多种选择环境和需要使用决策技术来进行分析的情况下组织某人观点、看法的一种方法。

本书中定义情景是对可能出现的未来状态的描述，通常还包括对导致未来状态出现的途径的描述。情景分析过程是用来完成对事物未来所有可能的发展态势的描述，其结果包括：对未来可能发展态势的确认；各态势的特性及发生可能性描述；各态势的发展路径分析。

**2. 特点**

情景分析的基本手法是"文理"并重的分析—综合描述。"文"就是文学艺术，绘声绘色的描述形式和笔调，是事务理论分析的内容；"理"就是定性与定量相结合模型的论证。因此，它是一种非常灵活生动的方法。概括而言，具有以下特点：（1）承认未来的发展是多样化的，有多种可能发展趋势，因而其预测结果也将是多维的。（2）承认人在未来发展中的"能动"作用，把分析未来发展中人所采取的策略和措施作为情景分析的一个重要方面，并在情景分析中与决策人之间保持畅通的信息交流。（3）在情景分析中，特别注意事务之间内在的因果关系和协调一致关系的分析。（4）情景分析中的定量分析与传统趋势外推型的定量分析的区别在于：其在定量分析中嵌入了大量的定性分析，以指导定量分析的进行，所以是一种融定性与定量分析于一体的新的预测方法。（5）情景分析是一种对未来研究的思维方法，其所使用的技术方法手段大都来源于其他相关学科，重点在于如何有效获取和处理专家的经验知识，这样就使得其具有心理学、统计学等学科的特征。同时情景分析需借助于合理调度组合各种数学模型来完成。（6）情景分析的目的在于为决策提供支持。

由于情景分析法以上的特点，使其具备了很多优点：能及时地识别未来发展中可能出现的"瓶颈"或难题，以便采取行动消除或减轻它们的影响；能尽早发现可能会错过的未来的机会；能通过应变计划对新的发展和突发事件做出灵活、快速而不过分的反应；能极其灵敏地反映环境的变化，以深化对于市场环境及作用机制的理解；能提醒对决策风险保持清醒的认识；能比较容易地将分析和预测结果用于制定规划的过程。

### 8.4.2　情景分析的分类与实施步骤

**1. 分类**

根据情景的可能性和决策之间的关系，可将情景划分为以下三种类型：（1）可能的（possible），（2）很可能的（probable）（包含于前者范围之内），（3）期望的（desirable）（至少与前两种有部分重叠）。对未来的预测应主要着重于"很可能的"范畴中，潜在可能的情景是需要通过精心设计来努力达到的，这种情景往往是超前的。"期望的"情景是属于决策确定的情景。如果决策者对未来的期望是"很可能的"，则决策是可行的，如果决策者所期望的和很可能的情景不能吻合，就必须在"可能的"和"期望的"情景中寻找交集，从中确定解决问题的途径。

目前主要有两种不同类型的情景分析：估计的（projective）或预测的（forecasting）和预期的（prospective）或反推的（backcasting）。它们都是以探索可供选择的（alternative）未来发展途径为目的，但推论的路线不同。估计的或预测的情景分析是以过去为起点，分析当前的形势，并据此推导出来的可能情景，也经常被称为基准情景（Business As Usual，BAU）；预期的或反推的情景分析首先分析决策对象未来的可能性，然后以此为基础进行初步规划，再返回现状进行比较，寻找实现途径并最终做出最佳选择。

**2. 实施步骤**

总体来说，情景分析法的步骤分为以下四步：

第一步：在对系统结构、系统发展的本质性特征进行研究的基础上，探索系统发展的根本机理，并寻找与系统结构之间的联系。

第二步：一方面通过对系统发展历史或国外相似影响条件下研

究主题变化规律的探索，来对第一步中各变量影响下研究主题的发展趋势进行分析，从而对其发展的总体状况进行初步推测；另一方面通过对当前系统发展现状的分析来寻找未来系统中具有不确定性并会对研究主题造成较大影响的关键因素，以及对这些关键因素有可能采取的决策。通过这两方面的分析即可为下一步的情景设置奠定基础。

第三步：以前述系统结构、系统发展根本机理的分析为基础，以第二步中系统发展趋势、决策可能性分析为依据，结合各因素之间的因果关系设定几条典型的系统发展可能路径，作为要重点研究的几种情景；同时，对各不同情景的可能性概率结合因素间相互影响关系进行分析与确定。

第四步：在第三步情景设置的基础上，对受不确定因素影响较大的环节通过纵、横向对比来寻求这些环节对研究主题的作用机制，探索合理的定量模型来对各环节可能出现的不同情况进行预测。如图8-8所示。

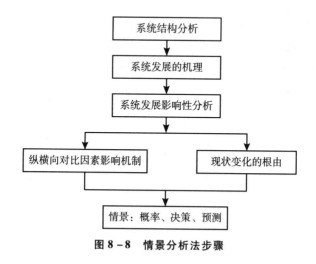

**图 8 - 8　情景分析法步骤**

### 8.4.3　反倾销壁垒下中国企业海外进入模式的情景分析

#### 1. 影响因素

根据对相关文献的研究，笔者认为影响中国企业海外进入模式的因素有以下 6 个：

（1）东道国的市场规模（用东道国的实际 GDP 来衡量）。东道国的市场规模越大，吸收外商直接投资的能力越强。记为 $e_1$（事件 1）；

（2）东道国发起反倾销调查的累积数量。反倾销调查越多，则引致的跨越反倾销壁垒的对外直接投资越多。记为 $e_2$（事件 2）；

（3）东道国征收的反倾销税率。东道国征收的反倾销税率越高，则引致的对外直接投资发生的可能性越大。记为 $e_3$（事件 3）；

（4）东道国与投资国的相对劳动成本。该相对劳动成本高，则投资国倾向于出口；反之，相对劳动成本低，投资国则倾向于直接投资。记为 $e_4$（事件 4）；

（5）投资国的实际利率水平。投资国的实际利率水平越高，对外直接投资的机会成本越高，因而对外直接投资的倾向越小；反之，投资国的实际利率水平越低，对外直接投资的机会成本就会越低，因而更倾向于对外直接投资。记为 $e_5$（事件 5）；

（6）出口国企业的市场转移程度。如果出口国企业能够将市场转移到未对其提出反倾销指控的其他国家或地区，那么，对外直接投资发生的可能性则比较小。记为 $e_6$（事件 6）。

#### 2. 处理专家数据

将包含关键影响因素的问卷调查表分发给本专业的 11 位专家，经过两轮匿名调查得出关键事件发生的可能性和关键事件间的相互影响关系值。具体如下：

（1）对关键事件发生可能性的专家知识赋予相应的概率值，如表 8 - 6 所示。

表 8 - 6　　　　　关键事件发生可能性专家知识量化

| 关键事件发生可能性 | 绝对可能 | 很可能 | 可能 | 有点可能 | 不太可能 | 不可能 |
|---|---|---|---|---|---|---|
| 相应概率值 | 0.8 | 0.7 | 0.5 | 0.4 | 0.3 | 0 |

（2）对某关键事件专家意见的权威性赋予相应的权数，如表 8 - 7 所示。

表 8 - 7　　　　　　　专家知识的权数

| 专家意见权威性 | 高 | 较高 | 一般 |
|---|---|---|---|
| 相应权数值 | 1.2 | 1.1 | 1.0 |

（3）对关键事件相互影响程度量化，用 $k$ 值表示事件相互影响值，$k$ 值确定如表 8 - 8 所示。

表 8 - 8　　　　　关键事件相互影响程度量化

| 关键事件相互影响程度 | 负影响 | | | 无影响 | 正影响 | | |
|---|---|---|---|---|---|---|---|
| | 强 | 中 | 弱 | | 弱 | 中 | 强 |
| 事件相互影响值 $k$ | -5 | -3 | -1 | 0 | 1 | 3 | 5 |

根据表 8 - 7 和表 8 - 8，通过计算公式

$$Y = \frac{\sum_{i=1}^{n} X_i Y_i}{\sum_{i=1}^{n} X_i} \tag{8-8}$$

可得到专家法关键事件发生可能性的概率，见表 8 - 9。其中，$X_i(i=1,2,\cdots,n)$ 为专家知识权数；$n$ 位专家数；$Y_i(i=1,2,\cdots,n)$ 为某专家对某关键事件发生的意见的概率。

表 8 - 9　　　　　　　专家提供的关键事件发生初始概率

| 专家编号 | 知识权重 | 关键事件的发生可能性 | | | | | |
|---|---|---|---|---|---|---|---|
| | | $e_1$ | $e_2$ | $e_3$ | $e_4$ | $e_5$ | $e_6$ |
| 1 | 1.2 | 0.5 | 0.5 | 0.4 | 0.3 | 0.7 | 0.5 |
| 2 | 1.1 | 0.8 | 0.5 | 0.7 | 0.7 | 0.5 | 0.7 |
| 3 | 1.1 | 0.8 | 0.7 | 0.8 | 0.8 | 0.8 | 0.8 |
| 4 | 1.1 | 0.8 | 0.7 | 0.5 | 0.7 | 0.3 | 0.8 |
| 5 | 1.1 | 0.8 | 0.5 | 0.5 | 0.8 | 0.8 | 0.7 |
| 6 | 1.1 | 0.8 | 0.5 | 0.7 | 0.8 | 0.8 | 0.7 |
| 7 | 1.2 | 0.8 | 0.5 | 0.7 | 0.8 | 0.8 | 0.7 |
| 8 | 1.2 | 0.8 | 0.5 | 0.7 | 0.8 | 0.8 | 0.7 |
| 9 | 1.2 | 0.8 | 0.5 | 0.7 | 0.8 | 0.8 | 0.7 |
| 10 | 1.0 | 0.8 | 0.8 | 0.8 | 0.8 | 0.8 | 0.8 |
| 11 | 1.1 | 0.7 | 0.7 | 0.5 | 0.7 | 0.5 | 0.5 |
| 加权求和 | 12.4 | 9.45 | 7.16 | 7.87 | 9.11 | 8.59 | 8.54 |
| 初始概率 | | 0.762097 | 0.576324 | 0.634588 | 0.73566 | 0.693842 | 0.68977 |

　　根据表 8 - 8，对专家提供的关键事件间的相互影响值归一化，影响值 5，3，1 分别用 1.0，0.6，0.2 来表示，然后对 11 位专家的数据进行处理，得到关键事件的相互影响值如表 8 - 10 所示。

表 8 - 10　　　　　　　关键事件间的相互影响值

| 如果 $e_i$ 事件发生 | 对诸事件的影响值 | | | | | |
|---|---|---|---|---|---|---|
| | $e_1$ | $e_2$ | $e_3$ | $e_4$ | $e_5$ | $e_6$ |
| $e_1$ | 0 | 0.57218 | 0.753849 | 0.741615 | 0.566154 | 0.674914 |
| $e_2$ | 0.56141 | 0 | 0.719238 | 0.707769 | 0.109384 | 0.521852 |
| $e_3$ | 0.419687 | 0.445853 | 0 | 0.606223 | 0.498453 | 0.56921 |

| 如果 $e_i$ 事件发生 | 对诸事件的影响值 | | | | | |
|---|---|---|---|---|---|---|
| | $e_1$ | $e_2$ | $e_3$ | $e_4$ | $e_5$ | $e_6$ |
| $e_4$ | 0.924560 | 0.013567 | 0.607769 | 0 | 0.278690 | 0.574941 |
| $e_5$ | 0.633276 | 0.038097 | 0.455608 | 0.274914 | 0 | 0.07852 |
| $e_6$ | 0.736845 | 0.4236580 | 0.713092 | 0.538622 | 0.2462230 | 0 |

### 3. 关键事件校正概率的求解

如果事件 $e_i$ 发生，则其余事件的初始概率必然会受其影响，根据计算交叉影响概率的经验公式

$$Y_i = Y_i + kY_i(1 - Y_i) \qquad (8-9)$$

可得到各事件交叉影响概率，见表 8-11。

表 8-11　　　　　　　　各事件交叉影响概率

| 如果 $e_i$ 事件发生 | 各事件交叉影响概率值 | | | | | |
|---|---|---|---|---|---|---|
| | $\overline{Y}_1$ | $\overline{Y}_2$ | $\overline{Y}_3$ | $\overline{Y}_4$ | $\overline{Y}_5$ | $\overline{Y}_6$ |
| $e_1$ | 0.767902 | 0.433137 | 0.805969 | 0.870399 | 0.819982 | 0.839423 |
| $e_2$ | 0.861683 | 0.579147 | 0.799990 | 0.874103 | 0.717505 | 0.804700 |
| $e_3$ | 0.833736 | 0.680684 | 0.637764 | 0.854622 | 0.793977 | 0.800941 |
| $e_4$ | 0.920599 | 0.584531 | 0.778306 | 0.73468 | 0.757104 | 0.810181 |
| $e_5$ | 0.878276 | 0.580746 | 0.744880 | 0.787218 | 0.692472 | 0.702470 |
| $e_6$ | 0.894450 | 0.681350 | 0.797992 | 0.831348 | 0.745983 | 0.68178 |

我们把各事件发生所产生的交叉影响概率视为由初始状态到另一状态的转移概率，则各交叉概率所占比重组成的矩阵称为转移矩阵 Y，$Y = \left[ \dfrac{\overline{Y}_{i1}}{\sum\limits_{j} \overline{Y}_{ij}} \cdots \dfrac{\overline{Y}_{i6}}{\sum\limits_{j} \overline{Y}_{ij}} \right]$，经计算，初始矩阵经过 $N$ 次转移后趋

于稳态矩阵为 $\prod = \begin{bmatrix} 0.1848 \\ 0.1298 \\ 0.1666 \\ 0.1896 \\ 0.1645 \\ 0.1699 \end{bmatrix}$，根据公式

$$\tilde{Y}_i = \sum Y_i \cdot \prod \qquad (8-10)$$

可得到校正概率 $\tilde{Y}_i = \begin{bmatrix} 0.7760 \\ 0.5227 \\ 0.6841 \\ 0.7399 \\ 0.6756 \\ 0.6994 \end{bmatrix}$ $\qquad (8-11)$

### 4. 情景方案

（1）情景概率的确定与排序。用最小二乘法对校正概率优化拟和，采用非线性规划的方法列公式如下：

$$\min \sum_{i=1}^{6} (Y'_i - \tilde{Y}_i)^2 \qquad (8-12)$$

$Y_i$ 为事件 $i$ 的理论概率；$\tilde{Y}_i$ 为事件 $i$ 的校正概率

$$Y_i = \sum_{k=1}^{64} q_{ik} w_k \qquad (8-13)$$
$$i = 1, 2, \cdots; \ k = 1, 2, \cdots, 64$$

其中，$q_{ik}$ 是事件最终在组成未来情景中发生的可能性，有两种可能：

a 发生，即 $e_i \in E_k$，$q_{ik} = 1$

b 不发生，即 $E_k e_i \notin E_k$，$q_{ik} = 0$

约束条件为：

$$\sum_{k=1}^{64} w_k = 1 \qquad (8-14)$$

$w_k \geqslant 0$，$w_k$ 为情景概率

使用 matlab 求解非线性规划，得到最终情景概率及排序为：

$E_1 = (1\ 1\ 1\ 1\ 1\ 1)$　　　　$w_1 = 0.5227$

$E_2 = (0\ 1\ 1\ 0\ 0\ 0)$　　　　$w_2 = 0.1289$

$E_3 = (1\ 0\ 0\ 1\ 1\ 1)$　　　　$w_3 = 0.1163$

$E_4 = (0\ 0\ 0\ 1\ 0\ 0)$　　　　$w_4 = 0.0919$

$E_5 = (0\ 0\ 0\ 0\ 0\ 1)$　　　　$w_5 = 0.0514$

$E_6 = (0\ 0\ 1\ 0\ 0\ 0)$　　　　$w_6 = 0.0460$

$E_7 = (0\ 0\ 0\ 0\ 1\ 0)$　　　　$w_7 = 0.0375$

其余的 $2^6 - 7$ 个情景概率均为 0。括号中的 1 和 0 分别表示关键事件在未来情景中发生与不发生。$w_k$（$k = 1, 2, \cdots, 7$）表示相应于未来情景 $E_k$（$k = 1, 2, \cdots, 7$）的情景概率，反映了该情景在未来发展中出现的可能性。

（2）情景方案的描述。由于我们并不是参与一个具体的决策项目，只是应用研究，故根据情景方案的排序我们只选取前三种情景方案进行比较和描述，以期对中国企业跨国经营模式的前景进行合理预测。

情景一，中国企业面对东道国的反倾销调查，被征收反倾销税，但是中国企业能够将市场份额转移到未对其提起反倾销指控的国家和地区。这时，无论东道国市场规模的大小和相对劳动成本的高低以及中国实际利率水平的高低，中国企业都会选择出口作为主要跨国经营模式，对外直接投资只是其进入国际市场的辅助模式。同时，中国企业还可以先出口到第三国再向东道国出口来规避反倾销威胁。这种情景能够增加国内就业率，但是不利于国内产业结构的调整和优化，也不利于增强产业国际竞争力。

这种情景也是中国企业对外直接投资的现状：即投资规模过小，投资只是个案现象。我国属于经济转型的发展国家，产业结构不合理，整体产业素质偏低，需要通过对外直接投资来优化产业结

构。但目前有实力的本土跨国公司数量太少，对外直接投资无论从产业上还是规模上都十分有限，这些制约了国内产业结构的优化调整，虽然以出口为主的海外进入模式可以缓解国内市场过剩和就业问题，但从长远来看，不利于增强国家竞争力。

情景二，中国企业面对东道国的反倾销调查，被征收反倾销税，但是中国企业不能够将市场份额转移到未对其提起反倾销指控的国家和地区。在这种情景下，对外直接投资成为中国企业开拓国际市场的主要模式。如果东道国的市场规模较大、技术水平较高，则中国企业的直接投资对国内产业结构的调整和优化可以起到推动作用；但同时，过度的对外直接投资可能会造成国内的"产业空洞化"现象，即海外生产的比重超过了本土生产的比重，本土制造业部门的投资规模萎缩，生产比重下降及核心经济地位下滑，国际竞争力弱化。还会对国内的就业产生负面影响，也不利于维持本币的稳定以及国际收支的平衡。如果东道国市场较小，技术水平较低，则中国企业进行直接投资更多的是为了获取资源，其投资是有一定限度的，并不会造成国内的"产业空洞化"现象。

情景三，中国企业没有被东道国进行反倾销调查和征收反倾销税，但是如果遭受到反倾销调查的威胁，依然能够将市场份额转移到未对其提起反倾销指控的国家和地区。同时，在第三国投资生产再出口或者先出口到第三国再出口，都可以有效规避东道国的反倾销威胁。如前所述，东道国的市场规模与吸引外资呈正相关，东道国与投资国的相对劳动成本和投资国的实际利率水平呈负相关。在这种情景下，中国企业究竟采取何种模式进行跨国经营，取决于这几种因素的对比，如果前者的吸引力大过后者，则会选择直接投资；反之，则会选择出口。换句话说，出口和对外直接投资都是中国企业进入国际市场的两种主要模式，两者相辅相成，相互促进。这种情景不仅能缓解国内市场产能过剩、资源闲置的问题，还能推动本国生产的国际化进程，降低生产成本，获取更多资源，促进本国产业结构的调整和优化。

随着各国加大对中国反倾销的力度，中国企业对外直接投资的规模在不久的将来会出现迅猛的增长，但是中国企业仍然大多属于劳动密集型的行业，所以在今后相当长的一段时期里，情景三所描述的情况是中国企业进入海外市场的主要模式，即出口与对外直接投资并存，相互促进与发展。

## 8.5  小  结

本章首先介绍了中国企业跨国经营与遭受反倾销的状况。并利用 AHP 对中国企业应对反倾销壁垒的海外进入模式进行了分析，认为独资是其最佳模式。由于我国的家电行业是最早尝试进入海外市场的行业，同时也是遭受反倾销最严重的行业，所以笔者选取家电行业中的三家典型企业来代表中国企业进行案例分析，得出如下结论：

从国际市场进入模式来看，出口仍然是中国家电企业的主要进入方式，但跨国直接投资的趋势很明显。根据第 3 章和第 4 章的理论分析，在自由贸易条件下，出口使企业承担较少的投资成本和风险，但可以给企业带来较高的利润水平。当出口国拥有的成本优势是可以转移的，其新建投资的固定成本较低时，如果进口国政府征收反倾销税，出口国企业就会选择对外直接投资来规避反倾销。那么究竟是在进口国直接投资还是在第三国直接投资再出口，则取决于出口国企业在两个国家各自的生产成本高低。中国的微波炉目前受到的反倾销指控比较少，只在 1993 年被欧盟征收过 12.1% 的反倾销税，所以出于利润最大化考虑，格兰仕集团会以出口为主要进入方式。而海尔和 TCL 主要生产的是彩电，是频繁被美国和欧盟进行反倾销指控的对象，中国的彩电业经过几十年的发展，已经具备了生产制造和管理方面的成本优势，所以为了规避反倾销指控，以对外直接投资方式进入海外市场的趋势不断上升，或者直接在东道国直接投资，或者在第三国直接投资再出口。

　　从中国家电企业对外直接投资的具体模式来看，在发展中国家，主要以新建投资方式为主；在发达国家，主要以并购方式为主。根据第3章的理论分析，当东道国的市场规模比较小时，跨国企业更倾向于选择新建投资方式；当东道国的市场规模比较大时，则倾向于选择并购的方式。一般来讲，在发展中国家，由于人均收入水平比较低，所以用需求水平来衡量的市场规模比较小；在发达国家，情况刚好相反，所以市场规模比较大。欧盟和美国是世界家电需求量最大的两个市场，在这两个国家和地区，中国家电企业的对外直接投资主要选择并购方式；而在其他发展中国家，则以新建投资的方式为主。无论新建还是并购，从股权形式来划分，独资都将是其最佳进入模式。

　　此外，本章还引入情景分析法，对中国企业在反倾销壁垒下的海外进入模式的前景进行了预测。预测结果表明，在今后相当长的一段时期内，中国企业进入海外市场的主要模式是出口与对外直接投资并存，二者相辅相成，相互促进与发展。

# 第 *9* 章

# 政策建议与研究展望

本章在阐明书稿的主要研究工作及结论的基础之上，给出相应的政策建议。并指出书稿的创新之处，书稿存在的研究局限及有待研究的课题。

## 9.1 本书的主要工作及结论

### 1. 全面认识倾销与反倾销行为

追溯了倾销与反倾销的历史演进过程，在澄清基本概念的基础上，重点分析了倾销与反倾销对进口国经济、出口国经济、第三国经济的影响。

### 2. 对跨国公司国际市场进入模式进行了系统分析

分别从垄断优势理论、产品生命周期理论、内部化理论、交易成本理论、折衷理论、国际化过程理论、资源基础理论阐释了支撑跨国公司国际市场进入模式的理论，并将跨国公司国际市场进入模式分为贸易式进入、契约式进入、投资式进入和跨国战略联盟五大类，并认为跨国公司国际市场进入模式的选择还是会受到目标国经济环境、市场环境、政治因素、社会文化因素、法律因素、地理距离外部因素的影响，以及跨国公司自身资源、所处行业、投资经验、战略因素以及所生产产品等内部因素的影响。

**3. 对国内外有关在反倾销壁垒下跨国公司进入模式的理论进行了综合梳理**

通过对已有文献的解读和梳理，笔者将反倾销壁垒下跨国公司进入模式的理论研究分为两大部分：在反倾销壁垒下跨国公司如何选择进入模式；跨国公司进入模式的选择对东道国反倾销壁垒的影响。对于前者，国外在理论研究和实证研究方面都有所涉及，国内研究大都紧密结合中国的实际情况，研究在面对反倾销壁垒时，中国出口企业如何合理规避、化解反倾销威胁，对外直接投资这种模式无疑是一种较好的选择。对于后者的研究，国外文献略有涉及，而国内文献几乎没有，有待于做进一步的补充。

**4. 深入研究了反倾销壁垒下跨国公司对进入模式的选择**

利用 Bertrand 双寡头三阶段模型，分析追求利润最大化的跨国公司遭受出口反倾销时在出口和对外直接投资之间的选择。结果表明，只有在跨国公司的成本优势可以转移，且新建固定成本小于征收反倾销税时的主要固定费用时，跨国公司才会进行跨越反倾销壁垒的对外直接投资；如果跨国公司的成本优势不可转移，则不论东道国政府采取什么反倾销措施，跨国公司都不会进行对外直接投资，而是会选择出口。

当对外直接投资成为遭受反倾销壁垒的跨国公司的必然选择时，它会选择哪一种具体的直接投资方式（新建投资和跨国并购）进入东道国市场呢？通过建立豪泰林线性城市模型，笔者发现，跨国公司选择新建投资或跨国并购的进入策略，受到 4 个变量的影响：新建投资的固定成本、跨国公司自身特有的技术成本优势、东道国市场规模和市场竞争强度。在针对这四个变量一一分析的基础上，我们得到了跨国公司相应的进入模式选择。

**5. 对跨国公司规避反倾销威胁的特殊进入模式进行了分析**

利用完全信息下的动态博弈理论，对跨国公司规避反倾销威胁的特殊进入模式进行了分析。认为当进口国对跨国公司所征收的收入税大于第三国对其所征收的收入税，且跨国公司在进口国投资生产的成本要小于其在第三国投资生产的成本和在本国生产的成本时，跨国公司会选择在进口国直接投资生产；反之，则会选择绕道第三国。对于后者，当跨国公司在第三国投资生产的成本小于其在本国生产的成本时，基于利润最大化的考虑，跨国公司会选择在第三国投资生产再出口到目标国；反之，则会选择先出口到第三国再出口到目标国。

**6. 分析了跨国公司利用预销售倾销的特殊进入模式**

当跨国公司通过投资进入中国市场时，会利用预销售进行低价倾销以期达到尽快占领市场的目的，本书通过完全信息下的动态博弈理论分析认为：在中国政府征收反倾销税的情况下，跨国公司的直接投资的进入模式不会改变，继续会有大量的外资涌入。

**7. 分析了中国企业应对反倾销壁垒的海外进入模式**

在对中国企业的跨国经营和遭受反倾销状况分析的基础上，利用层次分析法对中国企业应对反倾销壁垒的海外进入模式进行了分析，认为独资是其最佳模式。并筛选出三家有代表性的家电企业进行了典型案例分析。同时，利用情景分析法对中国企业海外进入模式的未来发展前景进行了预测，认为在今后相当长的一段时期内，中国企业进入海外市场的主要模式是出口与对外直接投资并存，二者相辅相成，相互促进与发展。

## 9.2 政 策 建 议

**1. 避免被国外厂商利用，成为别国的规避基地**

本书分析认为，当跨国公司在第三国投资生产的成本低于其在本国生产的成本时，会选择在第三国投资生产再出口到目标国来规避反倾销。由于我国是发展中国家，生产成本较低，一些跨国公司便将在进口国受到反倾销指控的产品转移到我国进行生产，有些甚至只是简单的加工、组装，使我国成为别国的规避基地。这并不利于我国经济的发展与产业的升级。有鉴于此，我们必须一方面大力发展本国经济，提高生产力和劳动力水平；另一方面可修改我国原产地规则，制定较高的原产地标准，打消国外生产厂商利用我国作为规避基地的企图。

**2. 建立合理的反倾销税率，警惕外资企业利用预销售低价出口产品，达到独占和垄断我国市场，攫取高额利润的目的**

改革开放以来，我国利用外国直接投资取得巨大成就。引进外资不仅一定程度地弥补了我国国内建设资金的缺口，而且带来了国外先进技术和管理经验，对国内产业的升级换代、缩短与国际经济发展水平的距离发挥了根本性的作用。但与此同时，一些国外企业，尤其是一些发达国家的跨国公司，利用预销售在我国市场进行倾销。我们应该充分重视这一问题，制定合理的反倾销税税率，以期达到一方面既不挫伤外商投资的积极性，另一方面又能起到有效警示作用的效果。引导外资企业在中国市场上更加规范地进行生产经营活动，取得合理的利润。同时，我国也享受到了外资企业进入带来的种种好处，最终达到双赢。

**3. 大力培育我国企业的核心竞争力，使其能在国际反倾销壁垒下选择最佳模式进入海外市场**

经过本书的分析，认为中国企业应对反倾销壁垒的最佳进入模式是独资。但是事实上，更多的企业在面对反倾销壁垒时，会选择次佳模式（出口、合资等）。这固然与目标国的政治经济文化等因素有关，更主要的则是我国企业自身实力不足。选择独资的模式，需要投入大量的人力、财力和物力，需要面对更多的风险，而我国企业成长壮大的时间不长，缺乏这种实力。因此，要大力培育我国企业除了成本以外的"核心竞争力"，包括低成本全球融资能力、国际市场营销能力、风险回避能力、得到符合国际惯例的会计、法律、咨询服务的能力等。使其在面对国际反倾销壁垒时，能够轻松地选择最佳的海外进入模式。

**4. 中国企业进入海外市场时，应做好充足准备，积极防范反倾销反规避的威胁**

本书分析认为，在今后相当长的一段时期内，我国企业进入海外市场的模式是出口与直接投资并存。这就要求一方面我国要积极促进劳动密集型产业升级，推动企业从单纯的加工型向研究开发型转变，提高我国出口产品在全球化产业链中的位置，并实施出口产品差异化策略，以提防国际反倾销的威胁。另一方面，当我国在美国、欧盟或其他第三国进行海外直接投资或加工、组装产品时，应特别注意当地关于反倾销反规避措施的法律规定，在各方面做好工作，尽量避免无谓的反倾销反规避指控。

## 9.3　主要创新点

本书的创新点主要体现在以下几个方面：

（1）将反倾销壁垒和贸易、投资与跨国公司进入模式相结合进行研究，突破了以往文献单独研究反倾销壁垒或单独研究跨国公司进入模式的局限，构建了一个新的研究视角。在全世界反倾销愈演愈烈的形势下，对于研究跨国公司进入中国市场的模式和中国企业进入海外市场的模式具有重要意义。

（2）构建了新的理论研究框架——将反倾销壁垒下中外跨国公司进入模式分为一般模式和特殊模式来进行研究，将一般和特殊相结合，总体和局部相结合，对中国企业更具有现实指导意义。包括中国企业如何在自身的成本优势和东道国政府不同的反倾销措施下，选择进入东道国市场的最佳模式和选择何种模式来规避反倾销等。

（3）利用 Bertrand 模型分析了跨国公司在不同类型的成本优势和东道国政府不同的反倾销措施下，进入东道国市场的方式选择。发现并不是所有的反倾销壁垒都会导致跨国公司选择对外直接投资的进入模式，跨越反倾销的对外直接投资要求跨国公司的成本优势是可以转移的，并且新建投资的固定成本必须小于征收反倾销税情况下的主要固定费用。从而对于跨越反倾销壁垒的对外直接投资的研究作了进一步的扩展。

（4）利用动态博弈理论分析了跨国公司规避反倾销威胁的特殊进入模式选择。认为当进口国对跨国公司所征收的收入税大于第三国对其所征收的收入税，且跨国公司在进口国投资生产的成本要小于其在第三国投资生产的成本和在本国生产的成本时，跨国公司会选择在进口国直接投资生产；反之，则会选择绕道第三国。对于后者，当跨国公司在第三国投资生产的成本小于其在本国生产的成本，基于利润最大化的考虑，跨国公司会选择在第三国投资生产再出口到目标国；反之，则会选择先出口到第三国再出口到目标国。

（5）利用动态博弈理论分析了外资企业利用预销售倾销的特殊进入模式。认为中国政府实施反倾销措施不会影响外资企业的进入，外资企业会继续在中国进行直接投资。从而一方面弥补了国内预销售领域研究的不足，另一方面为我国政府如何正确吸引外资以及合理制定反倾销税率提供了理论指导。

（6）运用 AHP 分析认为中国企业应对反倾销壁垒的最佳海外进入模式是独资。运用情景分析法对中国企业在反倾销壁垒下的海外进入模式进行了预测，认为在今后相当长的一段时期内，中国企业的海外进入模式是出口与对外直接投资并存。

## 9.4　研究展望

由于笔者水平有限、时间有限，本书研究还存在一些缺陷和不足，因此提出以下进一步研究的设想和建议：

（1）在分析跨国公司应对反倾销壁垒的国际市场一般进入模式时，只考虑了出口和对外直接投资两种进入方式，而且也只考虑了跨国公司不同类型的成本优势和东道国政府不同的反倾销措施两种因素对其进入方式的影响，这对于跨国公司的国际市场进入方式选择是远远不够的，有待今后做进一步的研究。

（2）跨国公司规避反倾销威胁的进入模式是多样的，本书为了便于分析，只考虑了三种模式：在进口国直接投资、在第三国直接投资再出口、先出口到第三国再出口。这显然是远远不够的，有待于进一步的补充。

（3）由于缺乏中国企业跨国经营的统计数据，因此有关国际市场进入方式战略选择的预测结果，无法通过计量经济分析法对其进行检验，这可能会在一定程度上影响分析结果，有待今后进一步完善。

# 参 考 文 献

［1］屈广清. 反倾销法律问题研究［M］. 北京：法律出版社，2004.

［2］张维迎. 博弈论与信息经济学［M］. 上海：上海人民出版社，2002.

［3］范里安 H. 微观经济学：现代观点［M］. 费方域等译. 上海：上海人民出版社，1996.

［4］石建勋. 突出重围——中国企业跨国发展战略与案例［M］. 北京：中国经济出版社，2004.

［5］朱庆华. 反倾销、贸易保护与公共利益［M］. 北京：中国财政经济出版社，2009.

［6］苑涛. 反倾销的经济影响：对中国的分析［M］. 北京：人民出版社，2009.

［7］杨悦. 反倾销行为的价格效应及决策体系［M］. 北京：中国传媒大学出版社，2009.

［8］池本幸生. 反倾销案例［M］. 北京：经济管理出版社，2008.

［9］丘彬. 中美贸易摩擦的战略考察［M］. 北京：社会科学文献出版社，2009.

［10］杨艳红. 国际贸易摩擦的新格局［M］. 北京：中国社会科学出版社，2009.

［11］尹翔硕，李春顶. 国际贸易摩擦的成因及化解途径［M］. 上海：复旦大学出版社，2009.

[12] 李小北，池北幸生．反倾销案例——中国在对外贸易中如何应对棘手问题 [M]．北京：经济管理出版社，2008.

[13] 翁国民．贸易救济体系研究 [M]．北京：法律出版社，2007.

[14] 杨荣珍．中国企业遭遇国外反倾销的现状及成因 [J]．中国对外贸易，2005（5）：pp. 82 – 84.

[15] 郭守亭．反倾销条件下出口企业的策略分析 [J]．财贸经济，2006（3）：pp. 83 – 86.

[16] 龚家友，滕玉华．中国反倾销实施中的投资跨越效应分析 [J]．华东经济管理，2005（8）：pp. 72 – 75.

[17] 胡麦秀，周延云．跨越反倾销壁垒与引致的对外直接投资研究 [J]．宁夏大学学报，2005（3）：pp. 87 – 90.

[18] 赵春明，谭岻浩．论反倾销对对外直接投资的影响及其启示 [J]．甘肃社会科学，2006（4）：pp. 51 – 55.

[19] 姚战琪．开拓市场与对外投资并重——贸易摩擦和争端高峰期的中国家电出口增长空间 [J]．国际贸易，2005（5）：pp. 11 – 15.

[20] 唐宇．反倾销保护引发的四种经济效应分析 [J]．财贸经济，2004（11）：pp. 65 – 69.

[21] 卢进勇，郑玉坤．化解反倾销困局——中国企业海外直接投资与应对反倾销 [J]．国际贸易，2004（3）：pp. 42 – 44.

[22] 赵伟，管汉晖．中国彩电企业遭受美国反倾销诉讼的原因和对策分析 [J]．国际贸易问题，2004（8）：pp. 78 – 81.

[23] 胡麦秀，冯宗宪．成本不对称条件下出口与对外直接投资战略选择 [J]．经济管理，2005（14）：pp. 34 – 35.

[24] 刘重．试论国际反倾销中的规避与反规避 [J]．现代财经，2006（10）：pp. 15 – 18.

[25] 席帕．我国利用外资形式回顾与预测 [J]．中国外资，2006（7）：pp. 20 – 23.

［26］杨艳红. WTO 制度、贸易不对称与国外对华反倾销——部分国家和地区对华反倾销调查的实证分析 ［J］. 数量经济技术经济研究，2009（2）：pp. 102 – 111.

［27］王晰，张国政. 美国反倾销与制造业进口、产出、直接投资双向关系——基于 VAR 模型实证 ［J］. 国际经贸探索，2009（10）：pp. 57 – 61.

［28］刘爱东，陈林荣. "三体联动" 应对反倾销成效影响因素的实证研究 ［J］. 国际贸易问题，2010（2）：pp. 74 – 82.

［29］陈丰. 日本企业对外直接投资规避反倾销的经验及其启示 ［J］. 亚太经济，2009（2）：pp. 54 – 57.

［30］田玉红. 转轨时期中国应对国际反倾销战略的实证分析 ［J］. 财经问题研究，2009（6）：pp. 26 – 33.

［31］黄速建，刘建丽. 中国企业海外市场进入模式选择研究 ［J］. 中国工业经济，2009（1）：pp. 108 – 117.

［32］盛垒等. 中国利用外资研发的合理规模探讨 ［J］. 亚太经济，2008（4）：pp. 111 – 115.

［33］王丽娜. 中国利用外资的新形势与对策 ［J］. 辽宁师范大学学报，2010（5）：pp. 29 – 33.

［34］苏振东，周玮庆. 外商直接投资对中国环境的影响与区域差异 ［J］. 世界经济研究，2010（6）：pp. 63 – 66.

［35］徐亚静，王华. 开放条件下的外商直接投资与中国技术创新 ［J］. 国际贸易问题，2011（2）：pp. 136 – 138.

［36］葛顺奇，罗伟. 外商直接投资与东道国经济增长 ［J］. 世界经济研究，2011（1）：pp. 56 – 60.

［37］向金洪，赖明勇. 我国反倾销措施的产业救济效果和福利效应研究——基于 COMPAS 模型的理论与实证分析 ［J］. 产业经济研究，2010（4）：pp. 23 – 31.

［38］刘爱东，王晰. 1997～2008 年中国对外反倾销成因及特征定量研究 ［J］. 华东经济管理，2010（6）：pp. 53 – 56.

[39] 何海燕，张剑，林波.中国反倾销政策评估体系的构建 [J].现代管理科学，2011（8）：pp.5-7.

[40] 向洪金.国外对华反倾销措施的贸易限制效应与贸易转移效应研究 [J].数量经济技术经济研究，2008（10）：pp.75-86.

[41] 刘爱东，梁洁.1995~2009年国外对华反倾销案件统计分析 [J].中南大学学报，2010（8）：pp.22-24.

[42] 官恒刚.美国对华出口产品实施反规避措施的历史回顾与评析 [J].对外经济贸易大学学报，2010（1）：pp.30-32.

[43] 郭双焦，米家龙.WTO反倾销制度与竞争政策的关联与冲突 [J].国际经贸探索，2008（1）：pp.28-30.

[44] 郑雪飞.贸易政策的国内政治分析 [J].世界经济与政治，2009（11）：pp.19-21.

[45] 韩纬，李艳双，李惠中.我国中小企业国际市场进入模式分析 [J].中国工业经济，2009（2）：pp.79-81.

[46] 周劲波，黄胜.国际社会资本与企业国际化特征关系研究 [J].科研管理，2010（1）：pp.46-55.

[47] 刘建丽.战略因素影响下的企业海外市场进入模式选择 [J].经济管理，2009（1）：pp.80-85.

[48] 黄速建，刘建丽.中国企业海外市场进入模式选择研究 [J].中国工业经济，2009（1）：pp.108-117.

[49] 徐明霞，汪秀琼，王欢.基于制度基础观的企业区域多元化进入模式研究述评 [J].外国经济与管理，2010（9）：pp.25-31.

[50] 罗霄.欧盟对外贸易反倾销的动因分析 [J].世界经济与政治论坛，2009（5）：pp.51-55.

[51] 余利红，刘海云.对华反补贴的最新动态、发展趋势与因应对策 [J].国际商务研究，2009（3）：pp.21-29.

[52] Robert A. Mundell. International trade and factor mobility [J].The American Economic Review，1957，47（3）：pp.321-335.

[53] Thomas Horst. The industrial composition of US exports and subsidiary sales to the Canadian market [J]. the American Economic Review, 1972, 62 (1/2): pp. 37 – 45.

[54] Horstman, I. J. , Markusen, J. R. Strategic investments and the development of multinationals [J]. International Economic Review, 1987, 28: pp. 109 – 121.

[55] Horstman, I. J. , Markusen, J. R. Endogenous market structures in international trade [J]. Journal of International Economics, 1992, 32: pp. 109 – 129.

[56] Horstman, I. J. , Markusen, J. R. Exploring new markets: direct investment, contractual relationships, and the multinational enterprise [J]. International Economics Review. 1996, 37: pp. 1 – 19.

[57] Motta, M. Multinational firms and the tariff jumping argument: A game theoretical analys is with some unconventional conclusions [J]. European Economic Review, 1992, 36: pp. 1557 – 1571.

[58] Smith, A. Strategic investment, multinational corporations and trade policy [J]. European Economic Review, 1987, 31: pp. 89 – 96.

[59] Campa, J. , Donnenfeld, S. , Weber, S. Market structure and foreign direct investment [J]. Review of International Economics, 1998, 6: pp. 361 – 380.

[60] Richard E. Baldwin, Gianmarco I. P. Ottaviano. Multiproduct Multinationals and Reciprocal FDI Dumping [R]. NBER Working Paper, 1998: pp. 64 – 83.

[61] R. Belderdos, H. Vandenbussche, and R. Veugelers. Antidumping Duties, Undertakings, and Foreign Direct Investment in EU [J]. European Economic Review, 2004, 48: pp. 36 – 58.

[62] Bruce A. Blonigen & KaSaundra Tomlin & Wesley W. Wilson. Tariff-jumping FDI and Domestic Firms' Profits [R]. NBER Working Pa-

per, 2002: 9027.

[63] Hylke Vandenbussche, Xavier Wauthy. Inflicting injury through product quality: how European antidumping policy disadvantage European producers [J]. European Journal of Political Economy, 2001, 17: pp. 101 – 116.

[64] Belderbos, R. Japanese Electronics Multinationals and Strategic Trade Policies [M]. Oxford: Oxford University Press, 1997: pp. 110 – 115.

[65] Rene Belderbos, Leo Sleuwaegen. Tariff jumping FDI and export substitution: Japanese electronics firms in Europe [J]. International Journal of Industrial Organization, 1998, 16: pp. 601 – 638.

[66] Girma, S. , Greenaway, D. , Wakelin, K. Anti-dumping, trade barriers and Japanese FDI in the UK GLM – Discussion Paper 99/ 4, Londer: University of Nottingham, 1999.

[67] Ray Barrell, Nigel Pain. Trade restraints and Japanese direct investment flows [J]. European Economic Review, 1999, 43: pp. 29 – 45.

[68] Jeon, Yoong – Deok. The determinants of Korean foreign direct investment in manufacturing industries [R]. Working Paper, 1992.

[69] June – Dong Kim and In – Soo Rang. Outward FDI and exports: The case of South Korea and Japan [J]. Journal of Asian Economics, 1997, 8 (1): pp. 39 – 50.

[70] Dent CM, Randerson C. Enter the Chaebol: The Escalation of Korean Direct Investment in Europe [J]. European Business Journal, 1997, 9 (4): pp. 31 – 39.

[71] Hennart, J. – F. , Park, Y. – R. Location, Governance, and Strategic Determinants of Japanese Manufacturing Investments in the United States [J]. Strategic Management Journal, 1994, 15 (6): pp. 419 – 436.

[72] Blonigen. Bruce A. Tariff-jumping antidumping duties [J]. Journal of International Economics, 2002, 57 (1): pp. 31 –49.

[73] Roger Farrell, Noel Gaston, and Jan – Egbert Sturm J. Determinants of Japan's foreign direct investment: An industry and country panel study, 1984 – 1998 [J]. Journal of the JapaneseJ and International Economies, 2004, 18 (2): pp. 161 – 182.

[74] Drake, T. A. , Caves, R. E. Changing Determinants of Japan's Foreign Investment in the United States [J]. Journal of the Japanese and International Economies, 1992, 6 (3): pp. 228 – 246.

[75] Jozef Konings, Hylke Vandenbussche. Antidumping protection and markups of domestic firms [J]. Journal of International Economics, 2005, 65: pp. 151 – 165.

[76] Yamawaki, H. Exports and Foreign Distributional Activities: Evidence on Japanese Firms in the United States [J]. Review of Economics and Statistics, 1991, 73 (2): pp. 294 – 330.

[77] Andreu Blesa, Maria Ripolles. The influence of marketing capabilities on economic International Performance [J]. International Marketing Review, 2008, 25 (6): pp. 651 – 673.

[78] Armstrong CE, Shimizu K. A review of approaches to empirical research on the resource—based view of the firm [J]. Joumal of Management, 2007, 33 (6): pp. 959 – 986.

[79] Canal, Guillen. Risk and the strategy of foreign location choice in regulated industries [J]. Strategic Management Journal, 2008, 29 (10): pp. 1097 – 1111.

[80] Chari Murali DR, Chang Kiyoung. Determinants of the share of equity sought in cross—border acquisitions [J]. Joumal of International Business Studies, 2009, 40 (8): pp. 1277 – 1297.

[81] Chen SF. The motives for international acquisitions: capability procurements, Strategic considerations, and the role of ownership

structures ［J］. Journal of International Business Studies, 2008, 39 (3): pp. 454 – 471.

［82］ Claver, Rienda, Quer. Family firms' risk perception: empirical evidence on the internationalization process ［J］. Journal of Small Business and Enterprise Development, 2008, 15 (3): pp. 457 – 471.

［83］ Desislava Dikova, Arjen van Witteloostuijn. Foreign direct investment mode choice: entry and establishment modes in transition economies ［J］. Journal of International Business Studies, 2007, (38): pp. 1013 – 1033.

［84］ EstherSanchez – Peinado, Jose Pla – Barber, Louis Hebert. Strategic Variables That Influence Entry Mode Choice in Service Firms ［J］. Journal of International Marketing, 2007, 15 (1): pp. 67 – 91.

［85］ FranciscoJ, Acedo, Marian V Jones. Speed of internationalization and entrepreneurial cognition: Insights and a comparison between international new ventures, exporters and domestic firms ［J］. Joumal of World Business, 2007, 42 (3): pp. 236 – 252.

［86］ JunXia, Kimberly Boal, Andrew Delios. When Experience Meets National Institutional Environmental Change: Foreign Entry Attempts of U. S. Firms in The Central and Eastern European Region ［J］. Strategic Management Journal, 2009, 30 (12): pp. 1286 – 1309.

［87］ Keitho Bmuthers, Lance Eliot Brouthers, Steve Werner. RealOptions, International Entry Mode Choice and Performance ［J］. Journal of Management Studies, 2008, 45 (5): pp. 936 – 960.

［88］ Lance Eliot Brouthers, Somnath Mukho Padhyay, Timothy J Wilkinson, et al. International Market Selection and Subsidiary Performance: A Neural Network Approach ［J］. Journal of world Business, 2009, 44 (3): pp. 262 – 273.

［89］ Bhagwati, J. N. , Srinivasan, T. N. Optimal trade policy and compensation under endogenous uncertainty: The phenomenon of market disruption [J]. Journal of International Economics, 1976, 6: pp. 317 - 336.

[90] Bhagwati, J. N. , Brecher, R. A. , Dinopoulos, E. , Srinivasan, T. N. Quid pro quo foreign investment and welfare: A political-economy-theoretic model [J]. Journal of Development Economics, 1987, 27: pp. 127 - 138.

[91] Jagdish N. Bhagwati, Elias Dinopoulos, Kar-yiu Wong. Quid pro quo foreign investment [J]. The American Economic Review, 1992, 82 (2): pp. 186 - 190.

[92] Azrak, P. , Wynne, K. Protectionism and Japanese direct investment in the United States [J]. Journal of Policy Modelling, 1995, 17 (3): pp. 293 - 305.

[93] Blonigen, B. A. , Feenstra, R. C. Protectionist threats and foreign direct investment: Effects of US Trade Protection and Promotion Policies [M]. Chicago: University of Chicago Press, 1997: pp. 55 - 80.

[94] Bruce A. Blonigen, Yuka Ohno. Endogenous protection, foreign direct investment and protection-building trade [J]. Journal of International Economics, 1998, 46: pp. 205 - 227.

[95] Ellingsen, T. , Warneryd, K. Foreign direct investment and the political economy of protection [J]. International Economic Review, 1999, 40: pp. 357 - 379.

[96] Bruce A. Blonigen, Robert C. Feenstra. Protectionist threats and Foreign direct investment [R]. NBER Working Papers, 1996: pp. 54 - 75.

[97] Yasukuzu Ichino. Antidumping petition, foreign direct investment and strategic export [R], Working Paper, 2004: pp. 56 - 78.

[98] Aradhna Aggarwal. Macro Economic Determinants of Anti-

dumping: A Comparative Analysis of Developed and Developing Countries [J]. World Development, 2004, 32 (6): pp. 1043 – 1057.

[99] Jai S. Mah, Yong Dae Kim. Antidumping duties and macroeconomic variables: The case of Korea [J]. Journal of Policy Modeling, 2006, 28: pp. 157 – 162.

[100] Bruce A. Blonigen, Chad P. Bown. Antidumping and retaliation threats [J]. Journal of International Economics, 2003, 60: pp. 249 – 273.

[101] Prusa, T. Why are so many anti-dumping petitions withdrawn? [J]. Journal of International Economics, 1992, 33: pp. 1 – 20.

[102] Prusa, T. Pricing behaviour in the presence of antidumping law [J]. Journal of Economic Integration, 1994, 9: pp. 260 – 289.

[103] Prusa, T. J. The trade effects of US antidumping actions: Effects of US Trade Protection and Promotion Policies [M]. Chicago: University of Chicago Press, 1997: pp. 191 – 213.

[104] Michael O. Moore. Lobbying vs. administered protection Endogenous industry choice and national welfare [J]. Journal of International Economics, 1992, 32: pp. 289 – 303.

[105] Leipziger, D. M. , Shin, H. J. The demand for protection: A look at antidumping cases [J]. Open Economies Review, 1991, 2: pp. 27 – 38.

[106] James D. Reitzesy. Antidumping Policy [J]. International Economic Review, 1993, 34 (4): pp. 745 – 763.

[107] Belderbos, R. A. , Sleuwaegen, L. Japanese Firms and the Decision to Invest Abroad: Business Groups and Regional Core Networks [J]. Review of Economics and Statistics, 1996, 78 (2): pp. 214 – 220.

[108] Bruce Kogut and Sea Jin Chang. Technological Capabilities

and Japanese Foreign Direct Investment in the United States [J]. The Review of Economics and Statistics, 1991, 73 (3): pp. 401 – 413.

[109] Thomas A.. Pugel; Erik S. Kragas; Yui Kimura. Further Evidence on Japanese Direct Investment in U. S. Manufacturing [J]. The Review of Economics and Statistics, 1996, 78 (2): pp. 208 – 213.

[110] Herbert Glejser, Alexis Jacquemin, Jean Petit. Exports in an Imperfect Competition Framework: An Analysis of 1446 Exporters [J]. The Quarterly Journal of Economics, 1980, 94 (3): pp. 507 – 524.

[111] Kiyohiko Ito, Vladimir Pucik. R&D Spending, Domestic Competition, and Export Performance of Japanese Manufacturing Firms [J]. Strategic Management Journal, 1993, 14 (1): pp. 61 – 75.

[112] Robert E. Lipsey, Merle Yahr Weiss. Foreign Production and Exports in Manufacturing Industries [J]. The Review of Economics and Statistics, 1981, 63 (4): pp. 488 – 494.

[113] Robert E. Lipsey, Merle Yahr Weiss. Foreign Production and Exports of Individual Firms [J]. The Review of Economics and Statistics, 1984, 66 (2): pp. 304 – 308.

[114] Root F. Entry strategies for international markets [M]. Lexington: Lexington Press, 1994.

[115] Konishi, H. , Saggi, K. , Weber, S. Endogenous trade policy under FDI [J]. Journal of International Economics, 1999, 49: pp. 289 – 308.

[116] Salvatore, D. A model of dumping and protectionism in the United States [J]. Weltwirtschaftliches Archiv, 1989, 125: pp. 763 – 781.

[117] Vermulst, E. Waer, P. The calculation of injury margins in EC antidumping proceeds [J]. Journal of World Trade, 1992, 45: pp. 5 – 42.

[118] Herander, M. G. , Schwartz, J. B. An empirical test of the treat of U. S. trade policy: The case of antidumping duties [J]. Southern Economic Journal, 1984, 51: pp. 59 - 79.

[119] Frank Stahler. Market entry and foreign direct investment [R]. 2003.

[120] Theresa M. Greaney. Reverse importing and asymmetric trade and FDI: A network explanation [J]. Journal of International Economics, 2003, 61: pp. 453 - 465.

[121] Kevin Honglin Zhang, James R. Markusen. Vertical multinationals and host-country characteristics [J]. Journal of Development Economics, 1999, 59: pp. 233 - 252.

[122] Joshua Aizenman. Volatility, employment and the patterns of FDI in emerging markets [J]. Journal of Development Economics, 2003, 72: pp. 585 - 601.

[123] Hotelling, H. The Stability of Competition [J]. Economic Journal, 1929, 39: pp. 41 - 57.

[124] Hennart, J. F. , Y. R. Park. Greenfield vs. Acquisition: The strategy of Japanese investors in the United States [J]. Management Science, 1993, 39 (9): pp. 1054 - 1070.

[125] G¨ org, H. Analysing Foreign Market Entry: The choice between Greenfield Investment and Acquisition [J]. Journal of Economics Studies, 2000, 27 (3): pp. 165 - 181.

[126] Arijit Mukherjee, Soma Mukherjee. Foreign market entry: A theoretical analysis [R]. 1994.

[127] Thomas Muller. Analyzing Modes of Foreign Entry: Greenfield Investment vs. Acquisition [R]. 1996.

[128] Sanjeev Agarwal, Sridhar N. Ramaswami. Choice of foreign market entry mode: Impact of ownership, location and internalization factors [J]. Journal of International Business Studies, 1991, 15: pp.

1 – 27.

[129] David Greenaway, Peter Lloyd. Intra-industry FDI and trade flows: New measures of globalization of production [R]. 1996.

[130] TianShu Chu, Thomas J. Prusa. The Reasons for and the Impact of Antidumping Protection: The Case of People's Republic of China [R]. 2004, East – West Center Working Paper.

[131] Saaty TL. How to make a decision: the analytic hierarchy process. European Journal of Operational Research [J]. 1990, 48: pp. 9 – 26.

[132] Kim WC, Hwang P. Global strategy and multinational's entry mode choice. Journal of International Business Studies [J]. 1992, (1): pp. 29 – 53.

[133] Jai S. Mah. Foreign direct investment inflows and economic growth of China [J]. Journal of Policy Modeling, 2010: pp. 155 – 158.

[134] Soonchan PARK. The Trade DePressing and Trade Diversion Effects of Anti—dumping Actions: The Case of China [J]. China Economic Review, 2009 (20): pp. 542 – 548.

[135] Arastou Khatibi. The Trade Effects of European Ailti-dumping Policy [J]. ECIPE Working Paper, 2009 (7): pp. 1 – 13.

# 后　　记

　　本书是笔者在完成国家自然科学基金资助项目《反倾销壁垒对外国直接投资的作用机理与进入战略选择》（项目号：70473070）的部分研究成果及博士论文《反倾销壁垒下跨国公司进入模式选择》的基础上加以整理、扩充、完善而成的。感谢导师冯宗宪教授的悉心指导，从书稿的选题、方案制订、实施以及书稿撰写的整个过程中，无不渗透着导师大量的心血，导师开拓敏锐的学术思维、渊博的知识、忘我的工作精神、认真务实的科研作风，将使笔者在今后的学术道路上受益匪浅。

　　感谢同窗好友唐春阳、丁会侠、党军、陈军、马若鹏、贺超、徐丽华等同学，他们以其扎实的专业功底和理论素养给笔者提供了许多有价值的建议和意见，在此一并表示感谢。

　　感谢攻读博士期间的同学王勇茂、杜秋莹、王铁山、尚涛、闫冰、魏敏等，与他们一起度过的美好时光令人难忘。

　　感谢我的父母和丈夫，没有他们的支持和关心，本书是无法完成的。尤其是在我生病住院期间，他们无微不至的呵护和照顾，使得我的身体能够尽早地康复，精神上得以振作，可以继续完成书稿的写作和修改。

　　感谢西安财经学院的资助，没有他们的帮助，本书是无法面世的。

　　感谢经济科学出版社的编辑同志们，他们不辞辛苦、精益求精，为本书的出版做了大量的工作，谨向他们表示衷心的感谢。

还有许多以各种方式为本书做出贡献的人们，由于篇幅所限，在此未能一一列出他们的名字，但他们对于本书同样至关重要。谨以此书献给所有在本书研究过程中以及在我成长道路上关心、爱护和支持我的师长、亲人和朋友。

作者
2014 年 5 月